175 Jahre Stinnes

DIE KAUFLEUTE AUS MÜLHEIM

*Eine deutsche
Firmenchronik*

ECON

HERAUSGEGEBEN
von der Stinnes AG,
Mülheim-Ruhr, aus Anlaß
des 175jährigen
Firmenjubiläums

TEXT
Raimund le Viseur, Egling

GESTALTUNG
Heinrich Gorissen,
München

IDEE UND
VERANTWORTUNG
Jakob Schmitz, Düsseldorf

FOTOS
Archiv für Kunst und
Geschichte
Bildarchiv preußischer
Kulturbesitz
Familie Stinnes
Stinnes AG
Prange
Ullstein Bilderdienst

COPYRIGHT
© 1983 by Econ Verlag
GmbH, Düsseldorf und
Wien
Alle Rechte der
Verbreitung, auch durch
Film, Funk und Fernsehen,
fotomechanische
Wiedergabe, Tonträger
jeder Art, auszugsweisen
Nachdruck oder
Einspeicherung und
Rückgewinnung in
Datenverarbeitungs-
anlagen aller Art, sind
vorbehalten

SATZ
Nagel Fototype GmbH,
Berlin
Gesetzt aus der
Novarese Buch

LITHOGRAPHIE
Kirschbaum Laserscan
GmbH Düsseldorf

PAPIER
Mediaprint Seidenmatt,
Feldmühle

DRUCK
UND BINDEARBEITEN
Richterdruck, Würzburg

Printed in Germany

ISBN 3 430 15269 0

INHALT

GRUSSWORT

Die Firma Stinnes, die in diesem Jahre auf ihr 175jähriges Bestehen zurückblicken kann, ist heute eine der wichtigen Säulen im Unternehmenskonzept der VEBA. Ihre Anfänge liegen dort, wo sie auch heute ihre Schwerpunkte besitzt: in Handel und Verkehr. Insofern ist Stinnes sich und seinem Programm, flexibel den wechselnden Anforderungen der Zeitläufte folgend, treu geblieben.

Als Produktionsunternehmen hat die VEBA das, was Stinnes in den Konzern einbrachte, von vornherein als Ergänzung und Bereicherung empfunden: das händlerische Element, die weltweiten Verbindungen, die Nähe zu den Märkten und das besondere Gespür für sie. Überzeugt von der Bedeutung einer weitgefächerten und grenzüberschreitenden Handels- und Verkehrsorganisation, hat VEBA die Ziele von Stinnes deshalb von Anfang an in gebührender Weise gefördert – dies sowohl finanziell als auch ideell. Ich darf heute mit Genugtuung feststellen: In den 18 Jahren, in denen Stinnes jetzt zum Verbund der VEBA gehört, sind Handel und Produktion eine fruchtbare Verbindung eingegangen. Diese Verbindung stiftet allen Konzernteilen, also auch der VEBA, Nutzen.

Aus diesem Grunde empfindet VEBA im Jahre des Jubiläums von Stinnes ein besonderes Gefühl der Zusammengehörigkeit, das sich nicht allein in der Tatsache ausdrückt, Hauptanteilseigner zu sein. Nicht zuletzt dank dem guten Einvernehmen in der VEBA/Stinnes-Familie hat sich die Mülheimer Tochter im letzten Jahrzehnt, an die große Vergangenheit anknüpfend, zu einem der bedeutendsten europäischen Handels- und Verkehrsunternehmen entwickelt. Hierauf kann Stinnes mit Recht stolz sein, wie wir auf Stinnes stolz sind.

Als Aufsichtsratsvorsitzender wünsche ich Stinnes zum Jubiläum dieses: Möge der gute Handelsgeist, der die Kaufleute aus Mülheim zu allen Zeiten beseelt hat, als bleibendes Vermächtnis von einer Generation an die jeweils nächste weitergereicht werden. Mögen Wagemut und Besonnenheit stets einander die Waage halten, auf daß das Haus Stinnes unter dem Dach der VEBA in eine lichte Zukunft gehe.

RUDOLF V. BENNIGSEN-FOERDER
Vorsitzender des Aufsichtsrates
der Stinnes AG, Mülheim-Ruhr

I

Stinnes heute

Der Grosse Mittler am Markt

»Irgendwo scheint bei Stinnes immer die Sonne«, sagt Dr. Heinz P. Kemper, Ehrenvorsitzender des Aufsichtsrats der *Stinnes* AG – jener Mann, der nach dem Zweiten Weltkrieg den Konzern wieder in Gang brachte, durch tausend Engpässe steuerte und vor dem Ausverkauf rettete, der das Stinnes-Vermögen – mit Hilfe von Adenauer, Eisenhower, Erhard, Pferdmenges, Abs – aus den USA zurückholte, einen ertragsstarken Unternehmensverband zusammenschweißte und ihn in die VEBA einbrachte …

»Irgendwo scheint bei Stinnes immer die Sonne.« Das ist ein stolzer Satz. Doch er kommt aus der Erfahrung eines Mannes, der ein langes, ein erfolgreiches Berufsleben hinter sich hat. Der Satz hat Doppelsinn: geographisch – und wirtschaftlich.

Die *Stinnes* AG ist heute – außer in der Bundesrepublik – in 17 Ländern der Erde aktiv: mit den verschiedensten Firmen, in den verschiedensten Unternehmensbereichen. Ob es der internationale Brennstoffmarkt ist – Stinnes hat Standorte, Standbeine von Tokio bis New York, von Antwerpen bis Johannesburg. Ob es die Chemie ist – Stinnes macht Geschäfte von Taiwan, Hongkong, Tokio bis nach Dallas, Houston, Los Angeles oder Kapstadt. Stinnes ist weltumspannend in den unterschiedlichsten wirtschaftlichen Regionen, Strukturen, Entwicklungsstadien, Regierungssystemen, Ertragschancen, Mentalitäten.

Es ist eine geographische Realität, daß im »Reich der *Stinnes* AG« heute die Sonne tatsächlich nicht untergeht: Man muß nur auf den Atlas schauen. Doch dahinter steht nicht etwa der imperiale Anspruch eines Monarchen wie Karl V. Dahinter steht eine moderne ökonomische Philosophie: Die wirtschaftliche Welt, ihre Märkte gehören zusammen. Man muß sich

ihnen global anpassen. Man muß die Risiken streuen, weltweit denken, flexibel planen, vor Ort schnell und richtig entscheiden – aus eigener Kenntnis und Verantwortung, Aktion und Reaktion.

Die flächenmäßige Ausdehnung, die globale Präsenz sind nicht Selbstzweck. Sie sind Resultat einer wirtschaftlichen Strategie, die in die Tiefe zielt und versucht, Verbundketten von eigenständigen Branchen und Firmen herzustellen, die sich ergänzen, gegenseitig stützen und fördern.

Die *Stinnes* AG ist in zehn Unternehmensbereichen am Markt: »Brennstoffe«, »Baustoffe«, »Chemie«, »Erze und Mineralien«, »Technischer Handel«, »SB-Handel«, »Spedition und Lagerei«, »Schiffahrt und Häfen«, »Industrielle Dienstleistungen« sowie »Sonstige Dienstleistungen«.

Es ist faszinierend, sich »Stinnes-Ketten« vor Augen zu führen. Kohle, die in den USA gefördert worden ist, wird von einer mit Stinnes verbundenen Firma aufgekauft, mit einem Frachter einer von Stinnes beauftragten Seereederei über den Atlantik gebracht, in Rotterdam umgeschlagen, auf Stinnes-Schubleichtern den Rhein hinauf gebracht, in Stinnes-Unternehmen gelagert, mit Stinnes-Lastwagen transportiert (die LKWs laufen auf von Stinnes betreuten Reifen) – bis nach Stuttgart, bis nach München.

Der Strom, der die Lampen des Bürgers in Deutschland zum Strahlen bringt, kann Strom sein aus Kohle, die Stinnes liefert; die Wärme, die seine Wohnung heizt, wäre ohne das komplexe Zusammenspiel der Stinnes-Kräfte nicht so preiswert, nicht so sicher.

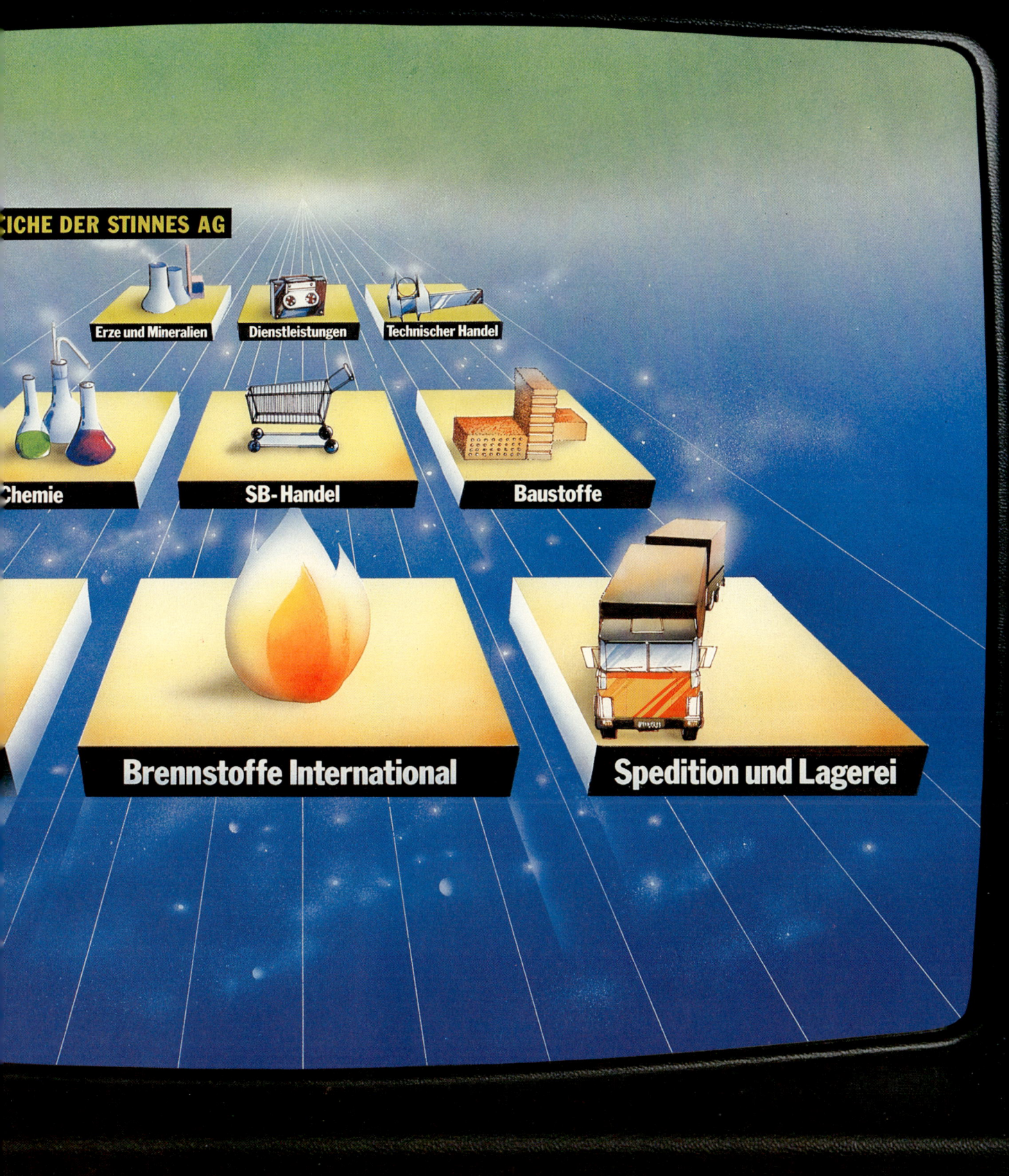

ICHE DER STINNES AG

Erze und Mineralien Dienstleistungen Technischer Handel

Chemie SB-Handel Baustoffe

Brennstoffe International **Spedition und Lagerei**

-850M INTENSITY POWER

Stinnes bietet den Kunden durch Zusammenarbeit seiner verschiedenen Firmen weltweit durchgehende Ketten an, die vom Produktionsort bis zur Haustür reichen.

Doch das Netz, das Stinnes über die Marktlandschaft geworfen hat, ist noch weit dichter, enger verknüpft. Ein deutscher Familienvater mit Frau und zwei Kindern kann vieles, was er zum Leben braucht, mit Hilfe von Stinnes bekommen.

Er baut sich sein Heim mit Holz, Stein, Stahl, mit Fertigelementen, die Stinnes-Firmen importieren oder handeln. Egal, ob Zement, Sand, Kies, Bauteile, Baumaterial, Werkzeuge, Bedachungen, Fliesen, Fassaden, Innenausbau oder Sanitäreinrichtungen – er kann alles von Stinnes haben: Ein Netz von 100 Niederlassungen der Baustoffbranche steht bereit. Ganz gleich, ob Hoch- oder Tiefbau – Stinnes ist auch für die größeren Strukturen da.

Er ernährt sich durch Stinnes: Der SB-Handel bietet ihm alles an Lebensmitteln. Seine Frau kauft ihre Haushaltsgeräte bei Stinnes, sie stellt sich ihre Wohnungseinrichtung mit Hilfe von Stinnes-Firmen zusammen. Sogar die leeren Flaschen, die sie wegwirft, kommen in Container von Stinnes, werden in umweltschützenden Recycling-Programmen von Stinnes weiterverwertet.

Stinnes dient den Menschen in allen ihren Interessen. Mancher hat in den vergangenen Jahren vom »großen Gemischtwarenhandel« gesprochen. Der äußere Anschein trügt da ein wenig, denn dahinter steht eine »Philosophie«: die Idee der Dienstleistung. Längst hat sich dafür ein zutreffender Begriff durchgesetzt: der

Slogan vom »Mittler am Markt« – zwischen Rohstofflieferanten und Industrie, zwischen Herstellern und Verbrauchern, national wie international, im integrierten Verbund von Handel und Verkehr. Auf diese Weise versorgt Stinnes tagtäglich Millionen Menschen mit Gütern und Dienstleistungen.

Das hat große Bedeutung für die Energiesicherung, für die Großindustrie, für den Großhandel – aber es bekommt seine wichtigste Bedeutung dadurch, daß es immer auf den einzelnen Menschen zielt. Er profitiert von dem, was ihm Stinnes in allen Lebensbereichen anbieten kann – besser, schneller, marktgerechter als viele andere.

Die *Stinnes* AG ist heute eines der großen westeuropäischen Handels- und Verkehrsunternehmen. Rund 22 000 Mitarbeiter erarbeiten derzeit einen Umsatz von knapp 20 Milliarden Mark jährlich.

Stinnes ist anders als die anderen. In diesem Verbund von Geschäftsbereichen und Firmen funktioniert ein faszinierendes System von Freiheit und Initiative, von Verantwortlichkeit und kreativem Können. Bei Stinnes muß jede Firma auf eigene Kappe unternehmerisch handeln, aus eigener Potenz sich im Markt zurechtfinden. Die Freiheit des einzelnen macht den Erfolg des Ganzen aus. Es gibt kaum ein anderes Unternehmen in Deutschland, in dem Dezentralisierung, Delegieren, das Führen an »langer Leine« so konsequent praktiziert werden.

Gute Leute finden, heranziehen und sie in Freiheit arbeiten lassen – das ist ein Prinzip des Stinnes-Konzerns. »Es ist für mich das faszinierendste an diesem Unternehmen, daß man überall auf selbständige Leute trifft«, meint ein Außenstehender. Wegen dieser Selbständigkeit hat Stinnes eine Führungsmannschaft, die seit Jahren dabei ist – mit Freude und Erfolg.

Es gibt ungezählte Beispiele: wie aus einer kleinen Stuttgarter Kohlenhandlung von einem tüchtigen Stinnes-Mann die größte Baustoffhändlung Süddeutschlands entwickelt wurde – oder wie aus einem kleinen Tankstellengeschäft in Mannheim ein großes Flüssiggasgeschäft entstand...

Konzernintern nennt man diese Männer mit Initiative und Kreativität »die Stammes-Herzöge«. Als vor Jahren ein verdienter Stinnes-Mann auf der »Molkenkur« bei Heidelberg verabschiedet wurde, hielt Dr. Günter Winkelmann, Vorstandsvorsitzender der *Stinnes* AG, eine Laudatio und sagte: »Wir verabschieden hier einen der Stammes-Herzöge von Stinnes. Für diejenigen, die nicht wissen, was ein Stammes-Herzog bei Stinnes ist: Das ist jemand, der draußen für uns ein Fürstentum verwaltet – und der niemanden über sich hat als den lieben Gott.«

Ein solches System eigener Verantwortung und Initiative kann nicht auf Millimeterpapier im voraus konstruiert werden. »Die Entwicklung zur selbständigen Vielfalt hat sich aus den Keimzellen ergeben, die in der Zentrale geschaffen wurden«, erklärt Dr. Günter Winkelmann. »Aus der *Brenntag* hat sich nach und nach der Ausbau einer Firmenorganisation ergeben, die nicht nur in Deutschland, sondern zunächst in umliegenden Ländern und schließlich auch in Amerika tätig wurde. Dasselbe gilt bei den nächsten Schritten: Aus der Eingliederung der *Rhenus* und dann der WTAG – nach meiner Meinung ist

der Zusammenschluß dieser beiden Verkehrsunternehmen das vielleicht wichtigste Ereignis im Stinnes-Konzern – ergab sich später eine große, nicht nur die Bundesrepublik umfassende, sondern auch europa- und weltweite Organisation. Es ist nicht so, daß wir von vornherein überall in der Welt vertreten sein wollten – wir begannen mit den Keimzellen hier, und die haben sich organisch ausgebreitet.«

Dieses organische Wachstum aus den eigenen Keimzellen, der permanente Wandel durch ständige Anpassung an die Zeit- und Wirtschaftsläufe ist das eigentliche Kennzeichen all dessen, was mit und unter dem Namen »Stinnes« in einer Geschichte von 175 Jahren Dauer geschehen ist. An diesem Unternehmen bewahrheitet sich – über große Kriege, über Krisen und industrielle Revolutionen hinweg – der Satz: »Wirtschaft ist Wandel«.

Blicken wir aus dem Fenster der Konzernzentrale in Mülheim: Da sieht man, durch Büsche und Bäume hindurch, ein modernes Einkaufszentrum, das zum Stinnes-Konzern gehört. An gleicher Stelle war einmal die Stinnes-Zeche Humboldt zu Hause, mit Tausenden von Arbeitsplätzen. Als der Bergbau tief in der Krise steckte, Mitte der sechziger Jahre, mußte auch diese Zeche schließen. Stinnes besaß aber das Gelände, und man fragte sich: »Was können wir damit Sinnvolles tun?« Es entstand ein großes Einkaufszentrum und ein moderner Industriepark: »ein völlig anderer Geschäftsgegenstand« – mit mehr Arbeitsplätzen als in den besten Zeiten des Bergbaus. Das war ein Signal für die neue Zeit bei Stinnes: Ausbau der Dienstleistungen.

II

EIN PIONIER ERKENNT DIE ZEICHEN DER ZEIT

Von der Ruhr in die Welt mit Handel und Verkehr: Das war die große Vision von Mathias Stinnes aus Mülheim (1790–1845). Er schuf mit Kohle und Schiffen erste Strukturen einer europäischen Wirtschaftsgemeinschaft

Blicken wir auf den Rhein: Da fährt, mit Riesenbugwelle, eine seltsame Flotte »zu Berge«, Richtung Koblenz. Es ist ein Anblick wie aus einem Science-fiction-Film. Ein riesiges flaches Motorschiff, 103 Meter lang, 11,40 Meter breit, angetrieben von zweimal 1350 PS, schiebt zwei »Schubleichter« vor sich her, die über 80 Meter lang sind, und an der linken Seite des Schubmotorschiffes »klebt« noch ein weiterer »Schubleichter« – der ganze Verband ist 185 Meter lang, fast 23 Meter breit. Es scheint, als wären hier zwei Fußballfelder auf Reisen: elektronisch gekoppelt, mit Radar (für Fahrten im Nebel) ausgerüstet, von einem hochmodernen Bugstrahlruder gesteuert. Nur sechs Mann dirigieren 10 000 Tonnen Fracht, Schwer- und Massengüter sowie 99 Container, den Rhein hinauf mit einer Geschwindigkeit von 10 Kilometern in der Stunde. Ein Phänomen ist zur alltäglichen Erscheinung geworden.

Das imponierende, futuristische Schubmotorschiff heißt »MS Mathias Stinnes«. Es ist das modernste, stolzeste Schiff der größten deutschen Binnenflotte, die aus 340 Schiffen besteht, über eine Ladekapazität von 380 000 Tonnen verfügt, jährlich 16 Millionen Tonnen trockener und flüssiger Güter auf dem Rhein, seinen Nebenflüssen, dem westdeutschen Kanalsystem bis nach Berlin transportiert – von der Kohle bis zu Großkonstruktionen, vom Getreide bis zum Schweröl, von Baustoffen bis zu Autoersatzteilen.

Diese Flotte repräsentiert einen der beiden Schwerpunkte dessen, was Stinnes ausmacht: den Verkehr. Der andere ist der Handel. Und mit Handel und Verkehr hat alles einmal angefangen, vor 175 Jahren ... Da machte an Ruhr und Rhein der gleiche Name Furore, der heute am Bug des modernen Schubmotorschiffs steht: Mathias Stinnes. Der Mann, der diesen Namen

Eine Zeit des Aufbruchs zu neuen Horizonten: Johann Wolfgang von Goethe schreibt seine Farbenlehre (1810), Friedrich Arnold Brockhaus beginnt die Herausgabe seines Konversationslexikons (1808), die Welt begeistert sich für die Ausgrabungen in Pompeji, die 1808 in großem Stil beginnen

Eine Epoche der Pioniere: Firmengründer Mathias Stinnes (oben) im zeitgenössischen Umfeld von Familie und Arbeitswelt, zwischen Wohnzimmer und erstem Geschäftshaus

trug, war ein Mann der ersten Stunde eines neuen Zeitalters – in dem Handel und Industrie zum großen Wandel ansetzten.

Dieser Mathias Stinnes wurde 1790, ein Jahr nach Beginn der Französischen Revolution, geboren. Er war der dritte von vier Söhnen eines armen Ruhrschiffers, dessen Familie einst vom Niederrhein in den kleinen Ruhrort Mülheim zugewandert war. Mülheim – das war um jene Jahrhundertwende noch nicht einmal eine Stadt, es war ein idyllischer Ort mit Fachwerkhäusern und Schieferdächern, malerisch zwischen Pappeln und Linden verstreut, an die noch unbefestigten Ufer der Ruhr geschmiegt, von fruchtbaren Äckern, dichten Wäldern, fetten Wiesen umgeben. Der Bergbau steckte noch in den Kinderschuhen. Hart arbeitende Männer verdienten sich ihren kargen Lebensunterhalt damit, die Kohle, das Erz auf Pferdekarren an die Ruhr zu bringen – und andere Männer luden die Last mit Schubkarren auf hölzerne Segelschiffe, um sie dann an Mühlen und Hammerwerken, Fischwehren und Sandbänken vorüber mühselig stromabwärts zu transportieren. Wollten sie zurück nach Mülheim, mußten sie »treideln«: Der Schiffer stand am Ruder, ob es regnete, stürmte oder schneite, und an Land trieb ein Fuhrmann Pferde an, die das Schiff an langen Leinen durch Schlamm und überflutete Ufer flußaufwärts zogen – ein elendes Geschäft für Hungerlöhne.

Das war die Welt des jungen Mathias Stinnes: harte Arbeit ohne Chance, ohne Zukunft. Schon sein Vater hatte sich so abgeplagt, und auch er hatte von Kindesbeinen an die Kohle mit Schubkarren von den Kleinzechen auf die

Eine Ära der Genies: Beethoven schreibt die »Fünfte« (1808) und sein Streichquartett in f-Moll, op. 95 (1810) – siehe das Notenfaksimile

Die Stunde neuer Technologien hat geschlagen: Mathias Stinnes löst sich von den alten Energien wie Windkraft und Pferdestärken in der Schiffahrt und im Bergbau

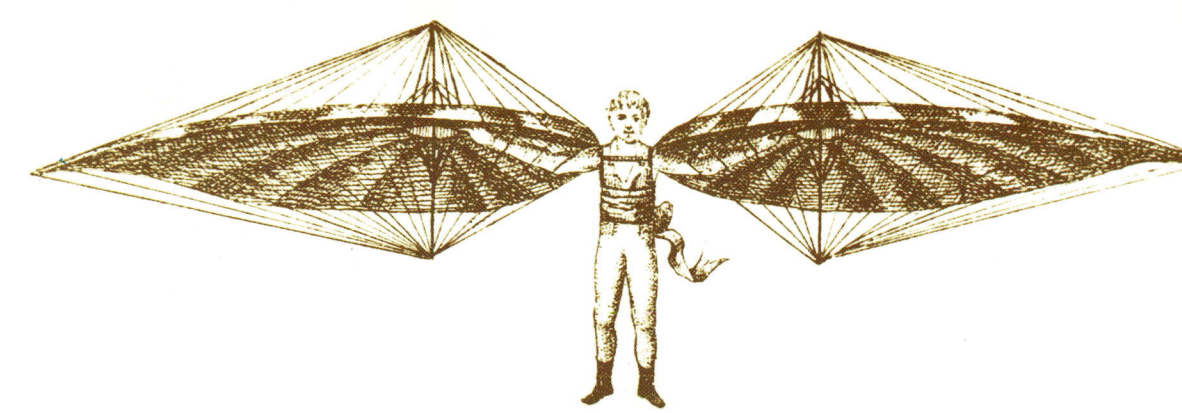

Eine heile Welt der romantischen Idylle: Mülheim an der Ruhr (oben) zu Beginn des 19. Jahrhunderts – und das erste Münchner Oktoberfest, das 1810 mit einem Pferderennen eröffnet wurde

Holzschiffe gekarrt. Davon hatte er breite Schultern, eine imponierende Statur bekommen. Und er hatte als Schiffsjunge all die Quälereien kennengelernt, die die Schiffahrt auf Ruhr und Rhein mit sich brachte. Allein auf den ersten zehn Meilen von der Ruhrmündung aufwärts herrschten fünf »Souveräne«, und der Rhein war besetzt von einem Sammelsurium von Kleinstaaten, Fürstentümern, geistlichen Herrschaften, Burgrittern, Gilden, Zünften – und alle wollten sie Geld, alle erhoben sie Zölle, alle

würgten am freien Handel, alle strangulierten die Fahrt flußauf, flußab. Ausladen, lagern, umladen – das war das Schicksal der Flußschiffer. Die Städte pochten auf ihr »Stapelrecht«: Jeder Schiffer mußte bei ihnen festmachen und seine Ladung für einige Tage zum Kauf anbieten. Mit dem, was übrigblieb, durfte er weiterfahren, bis zur nächsten Stadt – beklemmende Zustände.

Mathias Stinnes hatte, allen Schwierigkeiten zum Trotz, eine gründliche Schulbildung genossen – jedenfalls nach den Maßstäben jener Zeit.

Die Zeichen einer
unruhigen Zeit: Der
»Schneider von Ulm«
Berblinger probiert 1811
eine Flugmaschine aus
(links). Die französische
Besatzungsmacht gibt
eigenes Geld heraus
(rechts, die »Erfurter
Blockadescheine«)

Männer, die die Welt in
Aufruhr versetzen: der
Tiroler Freiheitsheld
Andreas Hofer (links) –
und der französische
Kaiser Napoleon I., dem
die Völkerschlacht bei
Leipzig (oben) eine harte
Nuß zu knacken gibt, an
der er sich die Zähne
ausbeißt (nebenstehende
Karikatur)

Ahnungen vom Ende einer Großmacht: Napoleon verfaßt in der ersten Verbannung auf Elba sein Testament. Noch einmal wird er für 100 Tage die Welt erschüttern – dann endet der Traum von Frankreichs Vormacht in Einsamkeit und Krankheit auf der Insel St. Helena

Signale der Zeitenwende: Blücher beim Rheinübergang am 1. Januar 1814 – Stinnes beklagt hier den Verlust von wertvollen Transportschiffen. Doch die Schlußakte des Wiener Kongresses von 1815 (unten) eröffnet Stinnes ungeahnte neue Freiheiten und Möglichkeiten: Der Rhein wird zur offenen Straße für Handel und Verkehr mitten in Europa

Blut und Tränen, Freude und Feste: Die Schlacht von Waterloo (rechts) mit den Siegern Wellington und Blücher läßt Europa aufatmen – und die Wiener selig ihre Walzer tanzen (oben)

Ideen einer neuen Zeit: Friedrich Ludwig Jahn schreibt und kämpft für eine Wiedergeburt deutscher Stärke, nationaler Einigkeit. Die Turnbewegung, die er in Gang setzt, erfaßt eine begeisterte junge Generation. Jahn ist die Symbolfigur neuen Selbstbewußtseins

Jahre voller Unruhe: Die deutschen Studenten feiern 1817 das Wartburgfest, Schubert komponiert bewegende Symphonien und Lieder, im Bergbau kündigt sich die industrielle Revolution an

Er konnte mit seiner schwieligen Hand schwungvoll und gezirkelt schreiben, die Geschäftsbücher genauso wie die Firmenkorrespondenz. Seine späteren Briefe verrieten, daß er präzise und selbstbewußt zu formulieren verstand. Er besaß natürliche Intelligenz, vor allem aber verfügte er über Weitblick – und über ein ausgeprägtes Ahnungsvermögen für wirtschaftliche Zusammenhänge.

Während sein Vater Hermann sich auf einem Lagerplatz für Kohle – einem »Kohlenhock« – abrackerte, sah der junge Mathias Stinnes, noch als »Teenager«, die Zeichen der neuen Zeit: Die deutsche Kleinstaaterei mußte fallen unter dem alles niederreißenden Elan des Eroberers Napoleon.

Mit erst 18 Jahren wagte Mathias Stinnes den Sprung in die Selbständigkeit, in die neue Zeit. Er gründete, mit Hilfe seiner drei Brüder Georg, Hermann und Johann, eine Firma, die bereits klassische Stinnes-Aktivitäten vereinte: Schiffahrt und Kohlenhandel. Das war zwar ein kleines Unternehmen – aber ein großer Schritt in die richtige Richtung. Und es war ein Zeichen der Zeit, daß der kleine Ort Mülheim – der zum Rheindepartement des Großherzogtums Berg, Arrondissement Essen, Kanton Duisburg gehörte – ausgerechnet im Jahr der Firmengründung die Stadtrechte erhielt.

Schon zwei Jahre nach der Firmengründung, an einem grauen 1. Dezember des Jahres 1810, kauften Mathias und Georg Stinnes für 1240 Taler einen Kohlenplatz und einen jener Zweimaster, die man »Ruhraak« nannte. Von nun an transportierte Stinnes Kohle »zu Berge« – und brachte Waren aller Art »zu Tale«. Mathias Stin-

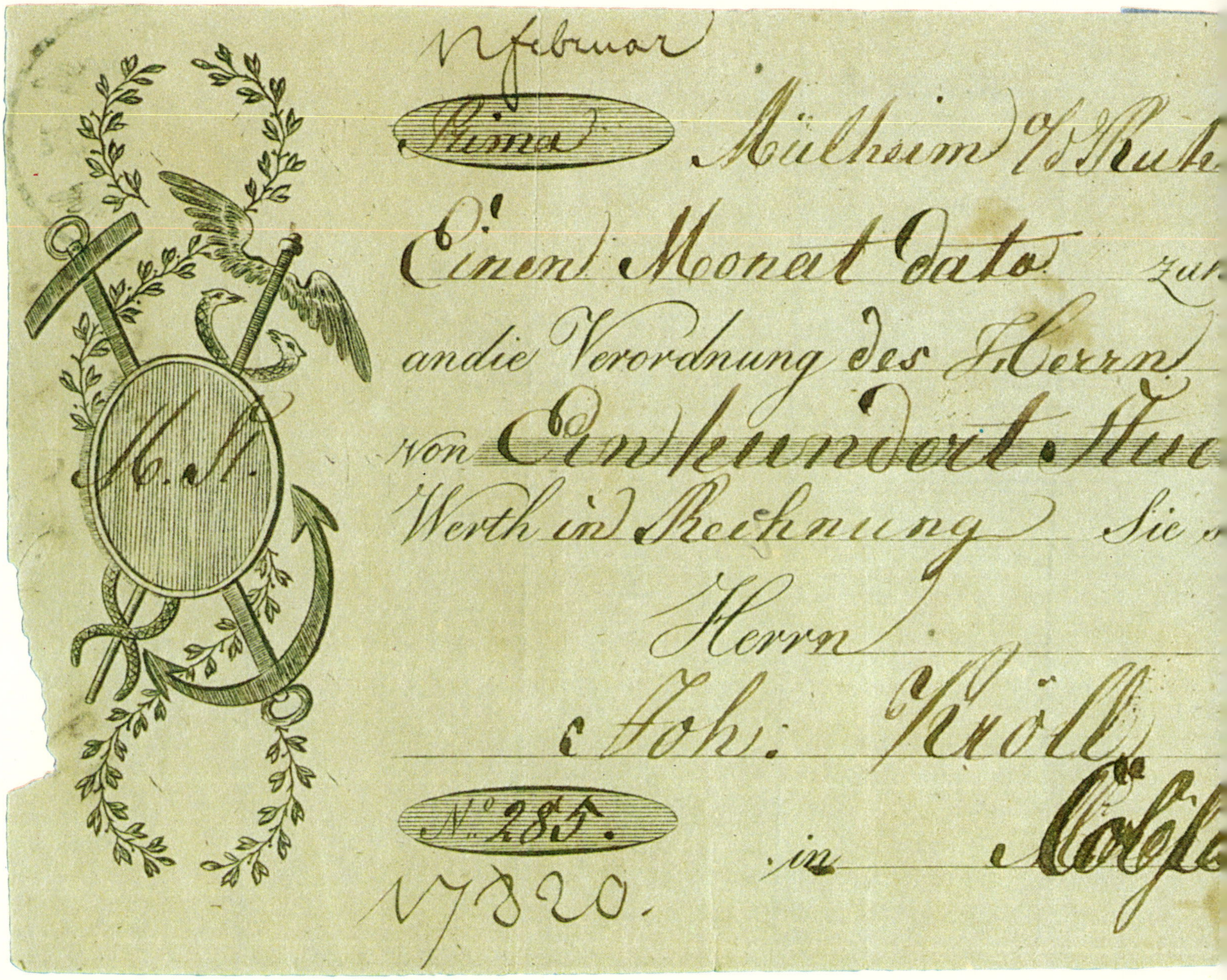
Februar
Stinnes
Mülheim
Einen Monat dato
an die Verordnung des Herrn
von
Werth in Rechnung
Herrn
Joh. Kröll
No. 285.
in
1820.

Ein Hauch der guten alten Zeit: So sah ein Wechsel der Firma Mathias Stinnes über 100 neue Thaler von 1818 aus – handsigniert mit der ausgeprägt schönen Unterschrift des Firmengründers (oben). Und so plagten sich die Schiffer mit ihren »Ruhraaken« im Treidelbetrieb auf Ruhr und Rhein »zu Berge«

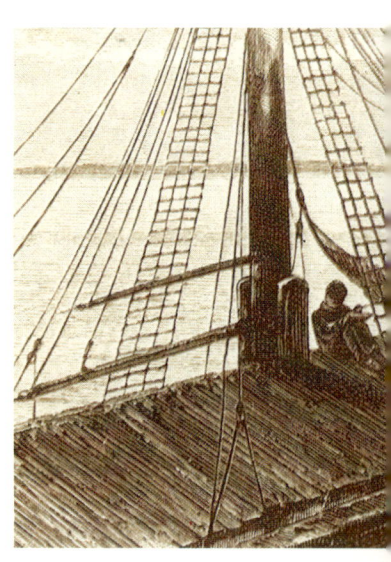

..., 12ten Januar 1818 Gut Für ⟨ 100 ℛℳℬℓ ⟩

... Sie gegen diesen Prima Wechsel ∘ ∞∞∞ ∞ ∞∞∞∞∞∞∞∞

...ichael Fellner .... die Summa

Neue thaler effectif ∘ ∞∞∞∞∞∞∞∞

...en solche auf Rechnung laut Bericht

...emtirt   Math. Stinnes

Kröll

...7.

nes fuhr selten leer. Er nutzte seine kleinen Kapazitäten von Anfang an voll aus.

Es war noch immer – wie im Mittelalter – das Zeitalter der »Partikuliere«: Man betrieb ein Schiff und damit basta. Mathias Stinnes befreite sich auch von diesem Zwang. Er baute eine kleine »Flotte« auf. Sein Name bekam Gewicht. Als Preußens Marschall Blücher in Verfolgung der geschlagenen Franzosen in der Silvesternacht 1813/14 bei Kaub den Rhein überschreiten wollte, mußte der Mülheimer Mathias Stinnes Schiffe für die Schiffsbrücke abstellen. Die Schiffsbrücke riß durch die Gewalt der Strömung, eine Reihe von Schiffen sank – auch Mathias Stinnes hatte schwere Verluste zu beklagen. Eine Entschädigung bekam er nicht. Noch 1822 protestierte er schriftlich: »Trotzdem wir fürs Vaterland alles aufgeopfert haben zum Übergang der Truppen, wo wir noch keine Zahlung für die verlorenen Sachen erhalten haben...«

Schwierigkeiten konnten diesen jungen Unternehmerpionier nicht aufhalten. Mit Hilfe seines Bruders Georg eröffnete er 1817 eine Schiffahrtslinie zwischen Köln und Arnheim: Neun Stinnes-Schiffe verkehrten regelmäßig – und mit einer bis dahin völlig ungewohnten Pünktlichkeit – zwischen den beiden Städten. Wiederum war eine Keimzelle entstanden. Wenn heute Stinnes-Liniendienste mit Containerschiffen nach festem Fahrplan von den beiden »Terminals« Mainz-Gustavsburg und Ludwigshafen nach Rotterdam und Straßburg verkehren, können sich die Kunden bei »de aale Mattes«, beim genialen Mathias Stinnes, bedanken. Stinnes transportiert heute an die 50% aller Container,

die auf dem Rhein verschifft werden – zwischen 300 000 und 350 000 Tonnen im Jahr in 30 000 bis 40 000 Containern. Und das Containergeschäft – mit Maschinen und Wein, Stückgütern der chemischen Industrie und Autoteilen von »Mercedes« – wächst weiter: Weil die Kunden genau kalkulieren können, wann ihre Produkte am »Terminal« sein müssen – und wann sie pünktlich in Rotterdam oder Straßburg, Mannheim, Mainz, oder Ludwigshafen ankommen.

Mit Hilfe von Bürgschaften seiner Familie, unterstützt von seinen Brüdern, baute Mathias Stinnes sein Unternehmen weiter aus. Zwölf Jahre nach der Firmengründung, 1820, verfügte er bereits über 66 Kohlenschiffe auf Ruhr und Rhein. Schon im Jahre 1845 war er der größte Reeder zwischen Koblenz und Rotterdam. Und er fuhr bereits Seetransporte von Wesel nach Hamburg und Stettin. Allein das war eine wirtschaftliche Revolution in der Zeit der »Partikuliere«, der Ein-Schiff-Unternehmer. Heute sind zwei Drittel der deutschen Binnentonnage in Reedereihand, nur ein Drittel in der von »Partikulieren« – und 200 der 1800 deutschen »Partikuliere« fahren ständig für Stinnes.

Hinzu kam, daß Mathias Stinnes einen völlig neuen Geschäftsverbund aufbaute: Er beteiligte sich an mehreren Zechen, er weitete seinen Handel auch auf Baustoffe aus, die heute zu einem der klassischen Geschäftsbereiche von Stinnes gehören. Mathias Stinnes hatte eine weitere Keimzelle geschaffen.

Gerade weil dieser unternehmende Mann in einer Zeit der Beschränkungen, der Rückständigkeit, verkrusteter Strukturen aufgewachsen war, hatte er ein hellwaches Interesse an allem

Köpfe, die um 1820 Geschichte machen: Der Philosoph Hegel liest an der Berliner Universität (oben), der Mörder des Dichters Kotzebue, Sand, wird enthauptet, Samuel Morse erfindet den Schreibtelegraphen – und das Biedermeier kreiert den Schutenhut

Worte
eines teutschen Bürgers
an seine
Mitbürger,
am Hambacher Mayfeste,
den 27sten May 1832.

Das Militär und die Bürger.

Soldaten! der Augenblick ist gekommen, wo Ihr Euch näher an die Bürger anschließen, mit ihnen für die heiligsten Rechte der Menschheit gegen den gemeinschaftlichen Feind, die Tyrannei und den Aberglauben kämpfen sollt. Wollt Ihr, eines Vaterlandes würdig, nicht blos die Knechte der Willkühr seyn, wollt Ihr die Rechte Eurer Väter und Brüder, ja Euer eignes Glück, nicht mit Füßen treten, wollt Ihr nicht wieder in jene Zeiten zurückversetzt werden, wo man Euch mit Prügeln und schwarzem Brod regalirt, so tretet in die Reihen der Bürger und kämpfet gegen Absolutismus und Finsterniß. Die Bürger werden nicht undankbar gegen Euch seyn. Euer Sold wird erhöht,

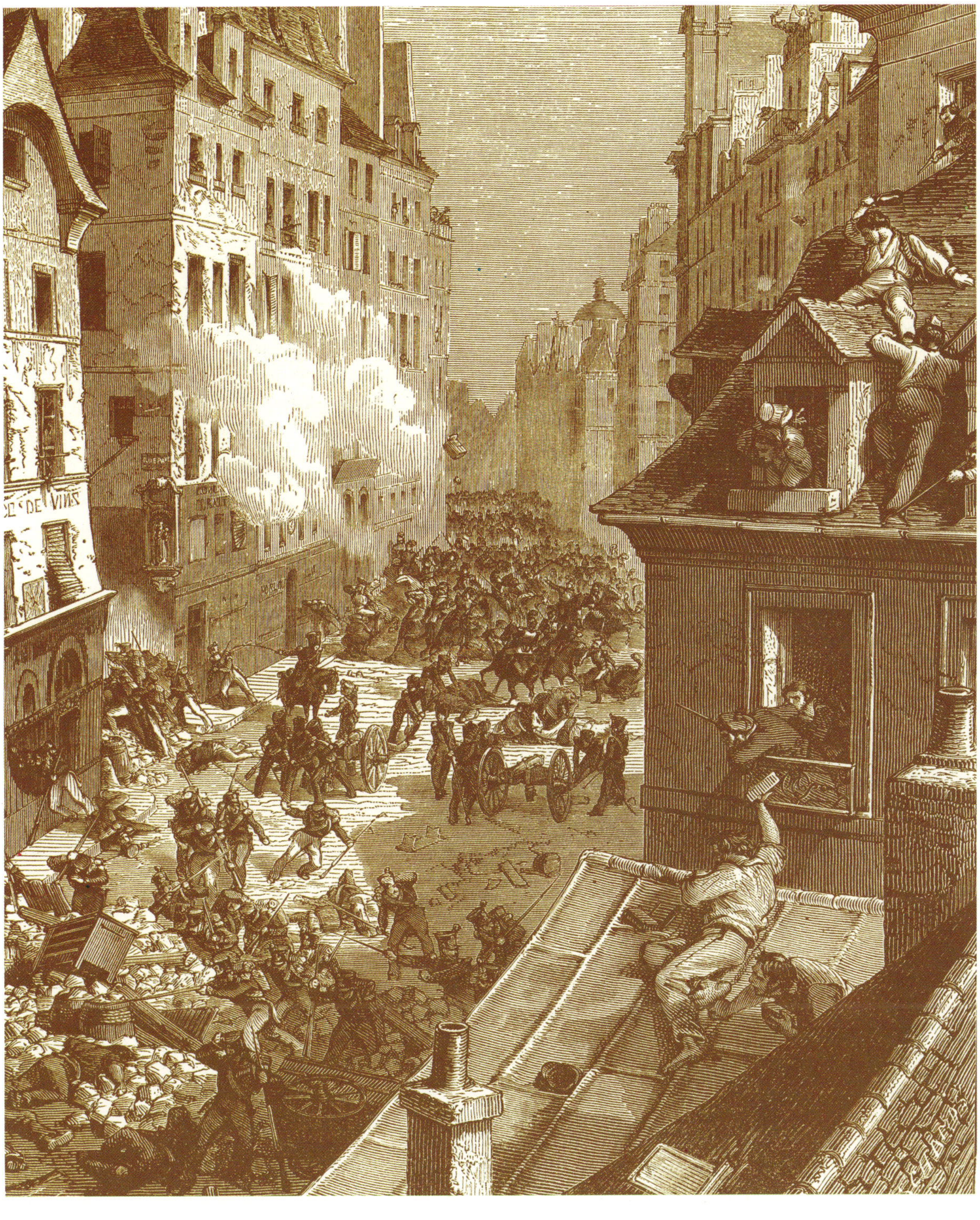

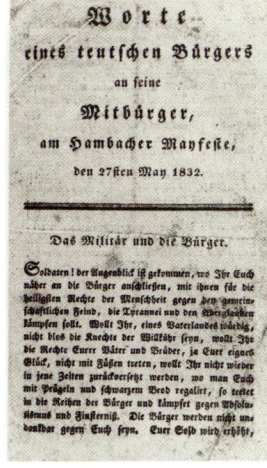

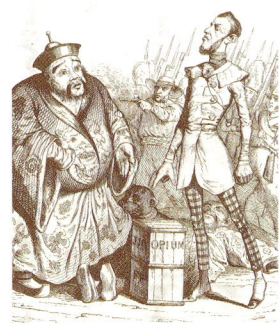

Ereignisse, die Aufruhr stiften: In Paris tobt 1830 die Juli-Revolution (links), auf dem Hambacher Schloß findet 1832 die große deutsche Freiheitsdemonstration statt (oben), in China bricht 1835 der »Opiumkrieg« aus – und in Leipzig kämpft Friedrich List ab 1832 für ein deutsches Eisenbahnsystem

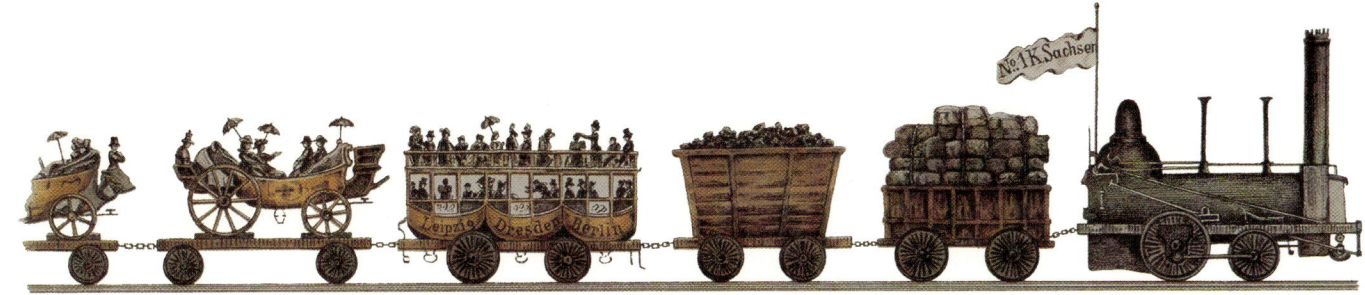

Die alten Zwänge machen es der Wirtschaft immer noch schwer: Ein Torwächter fordert »Pflasterzoll« bei der Einfahrt in eine deutsche Stadt. Die Karikatur stammt von 1843 und wurde in den neuen »Fliegenden Blättern« abgedruckt. Ironischer Titel: »Diensteifer«

Die neue Zeit setzt Zeichen: Louis Daguerre (oben) erfindet die Photographie (1838), Mathias Stinnes beteiligt sich an Zechen (wie hier 1842) – und bringt das erste Dampfschleppschiff auf den Rhein (1843/44)

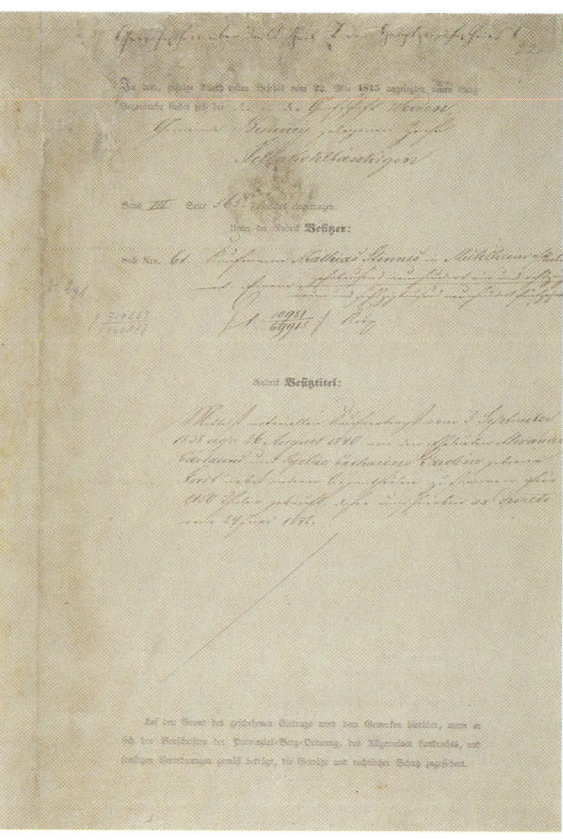

Neuen. Er war, wie man heute sagen würde, ein Mann der »Innovationen«, der wirtschaftlichen und technischen Kreativität.

In England waren zu Beginn des 19. Jahrhunderts die ersten Dampfschiffe vom Stapel gelaufen. Mathias Stinnes war von dieser neuen Technologie fasziniert – wie ein junger Mann heute von Raketen und Satelliten als unternehmerischen »Instrumenten« träumen würde. Er

hatte eine technische und eine wirtschaftliche Vision mit gesamteuropäischer Perspektive. Und er kalkulierte genau. Der Absatz der Ruhrkohle nach Holland war gefährdet, weil Belgien, Brabant und England billigere Kohle liefern konnten. Also mußte die Ruhrkohle preiswerter werden – durch verbilligten, beschleunigten, umfangreicheren Transport. Außerdem bedrohte die aufblühende Eisenbahn das Transportgeschäft auf dem Rhein.

Mathias Stinnes umriß die Situation in einer Eingabe nach Düsseldorf, dem neuen preußischen Regierungsbezirk, so: »Ein Haupthinderniss für die Rheinschifffahrt zu Berg ist unstreitig das kostspielige, langsame und öfteren Unterbrechungen unterliegende Schleppen der Schiffe mittelst Pferden. Das Pferdelohn dafür ist ungeheim hoch, der Verschleiss an Tauwerk exorbitant, durch seine lange Dauer wird an Schiffsmiete und an Schiffslöhnen viel verloren, und, so wie der Rhein wächst und den Leinpfad erreicht, liegt sogar das ganze Geschäft still und unthätig darnieder. Diesen grossen Uebelständen ist jedoch durch die Anwendung von Schleppdampfern abzuhelfen, indem dadurch die Schifffahrt wohlfeiler, geregelter und sicherer betrieben werden kann.

Nachdem ich die Vortheile der Dampfschleppschifffahrt und ihre Kosten genau und mehrfach berechnet und beide in Vergleich mit den Kosten und Nachtheilen der Schleppschifffahrt durch Pferdekräfte gestellt, bin ich endlich dazu übergegangen, die Anlieferung eines eisernen Schleppers für meinen eigenen Gebrauch mit den Dampfboot-Erbauern Dichtborn & Marie in England zu contrahiren.

Die moderne Technik sieht die Deutschen in vorderster Front: Johann Friedrich Voigtländer (1778–1857) entwickelt die erste Metallkamera der Welt – mit dem ersten errechneten Fotoobjektiv der Welt. 1841 erfindet Voigtländer das Kino-»Lebensrad«

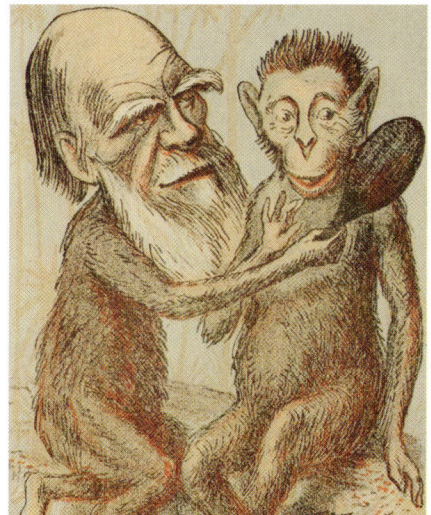

Die neuen Probleme der Gesellschaft heißen: Heranwachsen eines Arbeiterproletariats, ideologischer Klassenkampf. Oben die Werkstatt eines Werkzeugmachers im Berlin von 1839, links die Schöpfer einer neuen »Heilslehre«, des »Kommunismus«, Engels und Marx. Ihre Forderungen beunruhigen die Menschen ebenso wie die radikalen Theorien von Charles Darwin (Karikatur ganz links)

Die Träume und die Späße des Jahrhunderts: Aus dem Fernweh der romantischen Epoche schlugen James F. Cooper (1789–1851) und Karl May (1842–1912) mit ihren Romanen Kapital. Die Lust an der Satire blühte im »Punch« und in den »Fliegenden Blättern«

Das Boot wird 3400 Pfund Sterling kosten, und so kraftvoll gebaut sein, um in einer Zeit von 14 Stunden zwei Kohlenschiffe von Ruhrort nach Cöln bugsiren zu können.

Da mein Kohlengeschäft so ausgedehnt ist, dass ich allein dies Schleppboot ständig beschäftigen kann, so werde ich durch den Gebrauch desselben in den Stand gesetzt werden, die bisher so bedeutenden Frachten auf dem Rheine ansehnlich zu ermässigen; die übrigen Kohlenkaufleute aber werden, sobald sie den reellen Nutzen der Dampfschleppschifffahrt erst näher einsehen können, gewiss recht bald dazu übergehen, sich – wenn auch nicht jeder einzeln – doch immer einige zusammen ebenfalls Dampfschleppboote anzuschaffen, wodurch binnen Kurzem eine geregelte Fahrt auf dem Rheine ins Leben treten, und dadurch der Frachtsatz für die Kohlen, mithin auch die Preise der Kohlen am Rheine selbst bedeutend ermässigt werden müssten. Das wäre also ein wichtiger Schritt zur einstweiligen Erreichung des vorbemerkten Zieles: ›Erhaltung des Steinkohlen-Bergbaues an der Ruhr‹.«

Wie modern muten diese Sätze heute an … Mathias Stinnes wurde auch in Preußens Hauptstadt Berlin, für die Ministerien des Handels und des Auswärtigen, ein Begriff. Doch die kühne Neuerung wurde zu einer großen Enttäuschung: Der Schlepper war zu schwach motorisiert, hatte nur 80 PS – und das war auf dem Rhein einfach zu wenig. Noch heute gilt die Faustregel: Von Rotterdam bis Koblenz kann 1 PS eine Ladung von 4 Tonnen schleppen. Von Koblenz bis Bingen (wegen der verstärkten Strömung) schafft 1 PS gerade 2 Tonnen, von Bingen bis Mannheim/Karlsruhe 7 Tonnen, von Karlsruhe bis Basel nur 1 Tonne. Das bedeutete: Der erste Stinnes-Schlepper war einfach unrentabel.

Das historische Schiff verschwand in der Vergessenheit – bis heute weiß niemand, wie es überhaupt hieß.

Doch Mathias Stinnes bestellte sofort einen neueren, stärkeren Schlepper – in Rotterdam. Schon 1844 fuhr das Schiff auf dem Rhein: Es hatte 750 »nominelle« und 350 »effektive« Pferdestärken. Es tat seine Pflicht – erst 35 Jahre später, am 26. September 1879, sollte es seine Laufbahn an der Hochfelder Eisenbahnbrücke beenden: Es sank nach einer Kollision mit einem Brückenpfeiler. Doch inzwischen waren die Schleppzüge mit bis zu sechs Schleppkähnen auf dem Rhein alltäglich geworden.

Dieser erste taugliche Schleppdampfer auf dem Rhein trug den Namen »Mathias Stinnes« – von nun an sollten alle Stinnes-Schlepper durchnumeriert werden. Eine lange Tradition hatte begonnen, die bis zum hochmodernen Schubmotorschiff von heute reicht. Die »Mathias Stinnes 1« wurde im Volksmund genauso genannt wie ihr »Erfinder«: »de aale Mattes« oder »dä ohle Mattheis« …

Die Schiffsglocke dieses ersten Schleppers auf dem Rhein – einen halben Meter hoch, über einen Zentner schwer – läutete ein neues Zeitalter von Handel und Verkehr ein. Das war nur möglich, weil Mathias Stinnes neben den wirtschaftlichen Chancen einer neuen Zeit auch die politischen Zeichen für die Zukunft Europas richtig deutete. Denn da zeichneten sich völlig neue »Rahmenbedingungen« ab.

Die Not der Körper und der Seelen: Kinderarbeit – wie hier in einem englischen Bergwerk 1844 – war noch immer an der Tagesordnung. Sein Leiden an Deutschland formulierte Heinrich Heine (1797–1856) in »Deutschland, ein Wintermärchen« (siehe Textprobe unten)

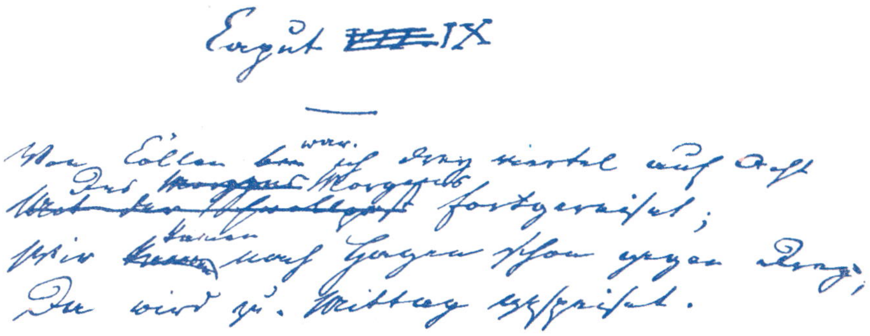

III

Der große Durchbruch

FREIHEIT
FÜR
DEN HANDEL

Eine neue Ära hat
begonnen: Die alten Zoll-
schranken sind gefallen,
die »Mainzer Rhein-
Schiffahrts-Akte« von 1831
und die »Mannheimer
Akte« von 1868 machen
den Rhein zum großen
Wirtschaftsstrom Europas.
Die Stinnesschlepper
beherrschen den Rhein

Der Wiener Kongreß hatte 1815 in seiner Schlußakte alle Rheinuferstaaten
aufgefordert, sich in einer »Central-
Kommission für die Rheinschiffahrt« um den
Abschluß eines Vertrages zu bemühen, der die
Schiffahrt auf dem Rhein von den alten Been-
gungen und Zwängen befreien sollte.

Es war ein Abschied von der Kleinstaaterei
in Europa. Es war – noch kühner, weitgreifen-
der – die Keimzelle einer Europäischen Gemeinschaft.

Die Kommission tagte in Mainz, und sie
brachte nach unendlichen Mühen 1831 die soge-
nannte »Mainzer Rhein-Schiffahrts-Akte« zu-
stande, die den Rhein zum Strom eines freien
mitteleuropäischen Handels machte. In ihrer
1868 zu Mannheim revidierten Form gilt die
Akte bis heute als Herzstück europäischer Wirtschaftsgemeinschaft. Kein Krieg – weder der
Deutsch-Französische von 1870/71 noch die bei-

den Weltkriege – haben dieser sogenannten
»Mannheimer Akte« ihre Bedeutung nehmen
können.

Und auch die »Römischen Verträge« setzten
sie nicht außer Kraft. Sie hat zwei entscheidende Artikel.

Artikel 1 verfügt: Die Schiffahrt auf dem
Rhein ist frei, von Basel bis zur Mündung ins offene Meer, für Schiffe aller Nationen.

Artikel 3 besagt: Das Befahren des Rheins
ist abgabenfrei. Die Schiffahrt konnte sich ent-
falten – und damit Industrie und Handel.

So war der alte Mathias Stinnes eine der trei-
benden Kräfte hinter Entwicklungen, die bis
heute wirksam sind. Er war ein Visionär des ge-
meinsamen Europas – mehr als nur ein erfolgreicher Unternehmer, mehr als eine faszinierende Unternehmerfigur des 19. Jahrhunderts.

Er starb zu früh, um sein Werk zu vollenden,
am 16. April 1845, mit erst 55 Jahren. Die Kurzlebig-

keit der Stinnes' sollte noch für Generationen als tragische Note entscheidende Entwicklungen bestimmen – und sie sollte im 20. Jahrhundert sogar zur verzweifelten Existenzkrise des inzwischen riesigen Konzerns führen.

Gegen welche Kräfte und Widerstände, Vorurteile und Verkrustungen Mathias Stinnes zu kämpfen hatte, zeigte sich noch drei Jahre nach seinem Tod in einem heute unbegreiflichen Zwischenfall.

Es geschah in Neuwied. Im Mittelpunkt des Zwischenfalls stand die »Mathias Stinnes«, jener inzwischen legendäre zweite Stinnes-Schlepper. Ein Augenzeuge, damals Schiffsjunge, berichtete, was sich ereignete (in der bescheidenen dritten Person): Er hörte »kurz aufeinander mehrere Schüsse fallen und sah auch, wie viele Leute aus den Häusern kamen und in voller Hast aus Strassen und Gassen dem Rheine zu eilten. Nun machte auch er kehrt, weil ihm einfiel, von den Arbeitsleuten in Andernach gehört zu haben, dieser Tage würde etwas ganz besonderes bei Neuwied auf dem Rheine passieren, und nun bot sich auch allen Zuschauern hüben wie drüben, ein eigenartiges Schauspiel. Die Bauern und Pferdehalfer oder Pferdetreiber, vom drüben liegenden Dorfe Weissenturm, die meistens die bergwärts kommenden Schiffe mit ihren Pferden in Köln abholten und auch viele bis an ihren Bestimmungsort brachten, spürten nicht allein längst schon eine arge Schmälerung ihrer Einnahmen durch die Schleppboote, sondern sie fühlten auch, daß ihre ganze Existenz durch diese Schleppkonkurrenz bald zusammenfallen würde, deshalb wollten sie jetzt als Selbsthilfe noch ein letztes

Tragödie im Zeitalter der Entdeckungen: Der britische Polarforscher Sir John Franklin geht 1845 auf der Suche nach der Nord-West-Passage verschollen. Zwischen 1848 und 1879 versuchen über 40 Expeditionen, sein Ende im ewigen Eis aufzuklären

Mittel erproben. Sie hatten nämlich am unteren Teile auf dem Neuwieder Werth verschiedene Katzenköpfe und Böller aufgestellt und waren nun dabei, gar gewaltig zu schießen, als der Schlepper unten am Schlossgarten ankam. Wenn ich nicht irre, gab es auch Gewehrschüsse, was das Zeug halten konnte, um den Schlepper zu schrecken und davor zu warnen, in die gefährliche Nähe zu kommen; er sollte entweder dort unten liegen bleiben, oder noch besser, den Anhang abwerfen, kehrt machen und nie mehr von Ruhrort heraufkommen. Das waren die Gedanken und Wünsche der Pferdehalfer; doch ›dä ohlde Matteis‹, wie er gewöhnlich genannt wurde, störte sich an nichts und zog nur fest und sicher seine Strasse weiter. Nun waren aber doch die Begrüssungen und der Willkomm am Neuwieder Werth dem Schlepper wohl vorher bekannt gewesen, denn sein Ruderstuhl war ganz dicht mit alten eisernen Platten und Wielplanken bis weit über Manneshöhe verbarrikadiert und zugemacht, nur nach vorne war eine Öffnung zum Ausblick für den Steuermann frei gelassen. Kein Mensch war auf dem ganzen Boot zu sehen, nicht über Deck und auch nicht unter Deck. Die Portiers an Steuerbordseite waren sogar verschalt. Als nun das Boot immer näher an den gefährlichen Schiessstand herankam, wurde das Knallen erst recht ohrenbetäubend. Man sah und hörte nichts mehr wie Blitz und Knall und Pulverrauch, und trotzdem zog der ganze Schleppzug ruhig vorbei und die Halfer hatten das Nachsehen. Auf die Anhängeschiffe wurde kein Attentat versucht; doch hatten sie für den Mann am Ruder auch einigen Schutz angebracht. Das

Spaß mit erhobenem Zeigefinger: Der Frankfurter Arzt Heinrich Hoffmann schafft 1847 mit dem »Struwwelpeter« das klassische Bilderbuch für Kinder vieler Generationen in Deutschland

Schleppboot ist aber bis in den Hochsommer hinein immer weiter zum Schutze und zum Andenken an diese Episode mit seinem verbarrikadierten Steuerstuhl rheinauf- und rheinabwärts gefahren. Und was hatten die Bauern und Pferdehalfer aus Weissenturm bei dieser Attakke erzielt? Des anderen Tages gegen Mittag kam eine Schwadron Husaren von Bonn durch Andernach und ritt bis Weissenturm, wo sie als Belohnung bis in den Sommer hinein überall

da in Quartier gelegt wurde, wo ein Pferdestall vorhanden war …«

Mathias Stinnes starb als größter deutscher Binnenreeder. Aber er war mehr als ein Binnenreeder. Mathias Stinnes war ein großer Unternehmer mit vielseitigen wirtschaftlichen Interessen. Er war schließlich an 36 Bergwerken beteiligt, hinterließ vier große, selbstangelegte Bergwerke. Produktion, Handel, Verkehr unter seinem Namen gaben Tausenden Lohn und Brot.

Knochenarbeit im Dienste des Fortschritts: So arbeiteten die Kumpel unter Tage Mitte des 19. Jahrhunderts (oben) – und die Stahlkocher an Rhein und Ruhr wurden zu Industriegiganten (unten eine Gußstahlfabrik in Bochum 1845)

IV

Mut zur Zukunft

DIE ERBEN
IN SCHWEREN
ZEITEN

Die große Erschütterung: die Revolution von 1848 (rechts eine Barrikaden-Szene vom Berliner Alexanderplatz). Handel und Wirtschaft wurden tief verunsichert, der Geldverkehr war gelähmt (unten zwei Guldenstücke in Silber, die die Stadt Frankfurt prägte – zur Feier der Wahl von Erzherzog Johann von Österreich zum Reichsverweser über Deutschland)

Stinnes – das war ein Unternehmen, das unter der Flagge der Zukunft fuhr. Doch Stinnes wurde auch ein Unternehmen, das in manche schwere Krise geriet. Wenn man heute darüber berichten kann, wie unter dem Namen Stinnes 175 Jahre lang Geschäfte gemacht worden sind – dann gehören auch diese Krisen ins Bild. Nicht immer und überall schien bei Stinnes die Sonne…

Der Sohn und Nachfolger des Firmengründers, der 1817 geborene Georg Mathias Stinnes der Jüngere – »das Mathisken« genannt –, stand schon 1848 vor einer überaus schwierigen Situation. Die Konkurrenz in der Dampfschleppschiffahrt hatte sich zunehmend verschärft, die nötigen Investitionen wurden zu einer enormen Belastung – man brauchte ja nicht nur Schlepper und Kähne, sondern auch Niederlassungen, Vertretungen im gesamten Geschäftsbereich, man mußte das neue Instrument »Eisenbahn« in den Griff bekommen. Der große Grundbesitz – 44 bebaute und unbebaute Grundstücke – war teilweise unproduktiv, der Schuldenstand beträchtlich: 159 119,50 Taler, dazu noch zweifelhafte Forderungen von 81 684 Talern. Hinzu kam eine wirre politische Situation im Revolutionsjahr 1848. Als überall in Deutschland aufbegehrende Bürger auf den Barrikaden standen und die schwarz-rot-goldene Fahne schwenkten, stockten Handel und Wandel. Es gab noch keine größeren Kreditinstitute in Form von Aktienbanken. Jeder, der etwas »unternahm«, mußte sich weithin selbst finanzieren. Die Stichworte dieser Zeit waren: Wirtschaftslähmung, Umsatzflaute, eine Welle von Mißtrauen, schwacher Geld- und Kreditverkehr – für uns heute keine ganz unbekannte Situation.

Stinnes geriet in eine lebensgefährliche Liquiditätskrise. Doch da die Basis – Grundbesitz,

32

Ein stolzer Stammbaum: die Stinnes-Dynastie in einer zeitgenössischen Darstellung

erhard Küchen.
geb. 26. Januar 1861.

Hugo Stinnes.
geb. 3. Dez. 1842. – gest. 14. Mai 1887.

Mathias F. Stinnes.
geb. 11. Juni 1856. – gest. 20. April 1907.

Leo Stinnes.
geb. 27. Juli 1863.

Hugo Stinnes.
geb. 12. Febr. 1870

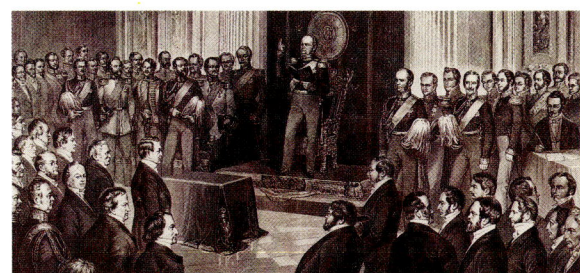

Die Macht von morgen: Preußen wird mehr und mehr zur Führungskraft in Deutschland – und die Hauptstadt Berlin zur Wirtschaftszentrale der Nation, mit der auch Stinnes immer stärker rechnen muß. Das Bild zeigt König Friedrich Wilhelm IV. beim Schwur auf die Verfassung 1850

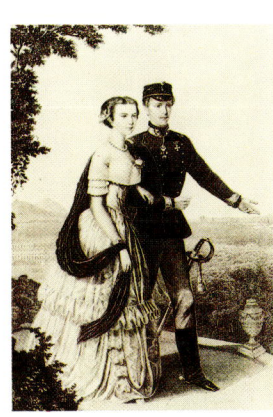

Die Macht von gestern: Österreichs Einfluß sinkt mehr und mehr wegen seiner Probleme in Italien, Ungarn, Böhmen. Das Bild zeigt Kaiser Franz Josef I. bei einem Spaziergang in Schönbrunn mit seiner kapriziösen Gattin »Sissi« aus Bayern

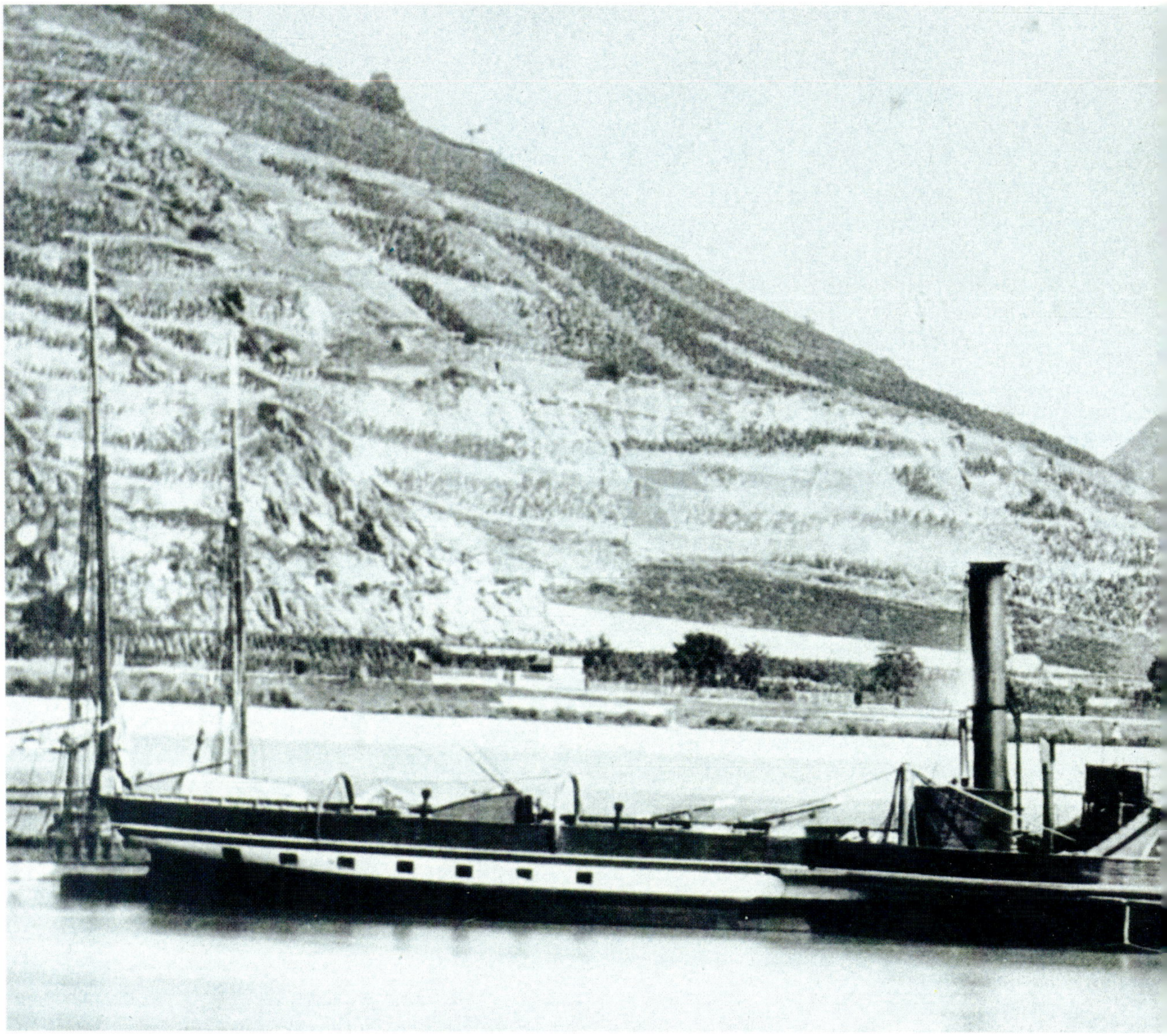

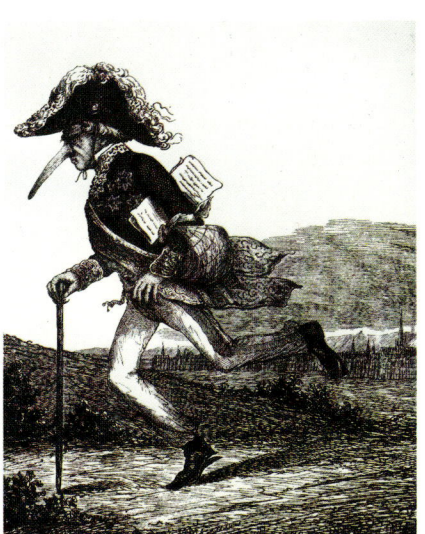

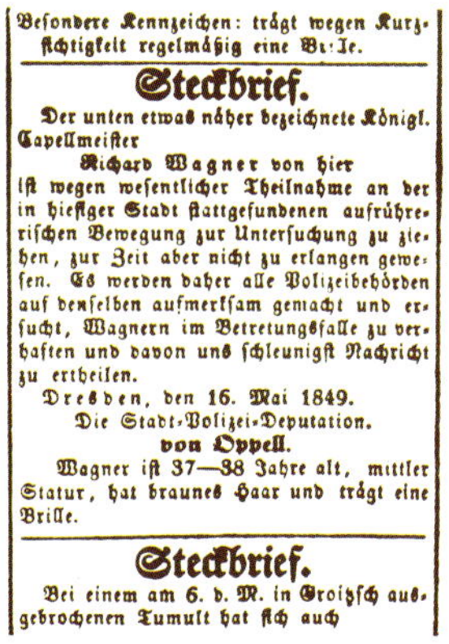

Besondere Kennzeichen: trägt wegen Kurzsichtigkeit regelmäßig eine Br:Je.

Steckbrief.

Der unten etwas näher bezeichnete Königl. Capellmeister

Richard Wagner von hier

ist wegen wesentlicher Theilnahme an der in hiesiger Stadt stattgefundenen aufrührerischen Bewegung zur Untersuchung zu ziehen, zur Zeit aber nicht zu erlangen gewesen. Es werden daher alle Polizeibehörden auf denselben aufmerksam gemacht und ersucht, Wagnern im Betretungsfalle zu verhaften und davon uns schleunigst Nachricht zu ertheilen.

Dresden, den 16. Mai 1849.

Die Stadt-Polizei-Deputation.

von Oppell.

Wagner ist 37—38 Jahre alt, mittler Statur, hat braunes Haar und trägt eine Brille.

Steckbrief.

Bei einem am 6. d. M. in Groitzsch ausgebrochenen Tumult hat sich auch

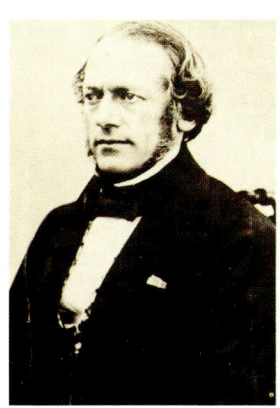

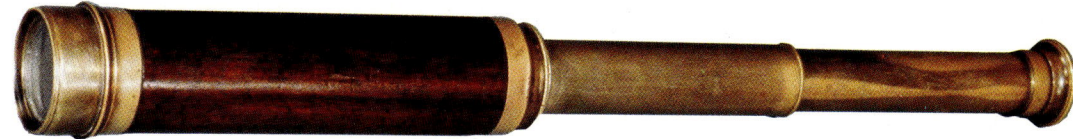

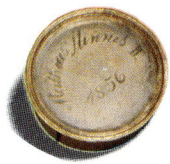

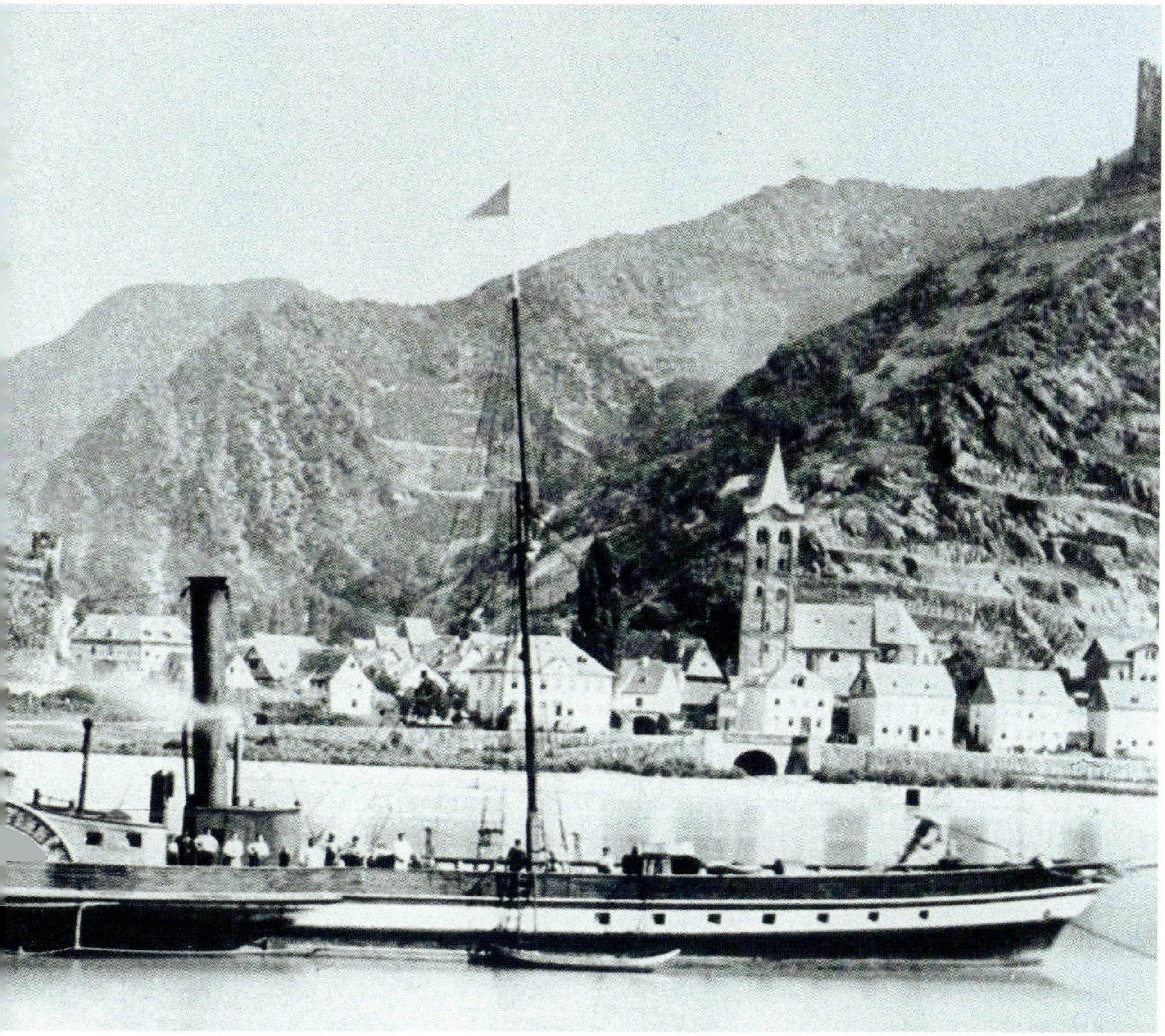

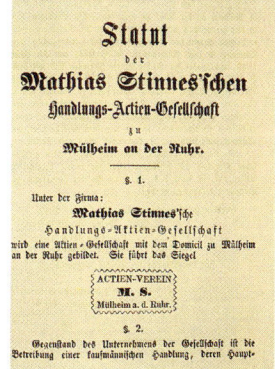

Im Zeichen der Krise: Die Konkurrenz in der Schleppschiffahrt hat sich 1848 äußerst verschärft. Stinnes gerät in eine lebensgefährliche Liquiditätskrise – kommt jedoch wieder auf Erfolgskurs, als 1848 die »Offene Handelsgesellschaft« in eine Aktiengesellschaft umgewandelt wird (unten)

Statut

der

Mathias Stinnes'schen

Handlungs-Actien-Gesellschaft

zu

Mülheim an der Ruhr.

§. 1.

Unter der Firma:

Mathias Stinnes'sche

Handlungs-Aktien-Gesellschaft

wird eine Aktien-Gesellschaft mit dem Domicil zu Mülheim an der Ruhr gebildet. Sie führt das Siegel

ACTIEN-VEREIN
M. S.
Mülheim a. d. Ruhr.

§. 2.

Gegenstand des Unternehmens der Gesellschaft ist die Betreibung einer kaufmännischen Handlung, deren Haupt-

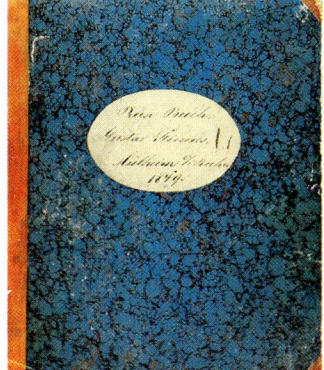

Dokumente der Zeit: eine Karikatur des gestürzten heimlichen Herrschers Europas, Fürst Metternich, Steckbrief und Porträt des gejagten Richard Wagner – und ein Reisetagebuch von Gustav Stinnes

Für eine bessere Zukunft:
Der Leipziger Arzt Daniel
Schreber (1808–1861)
fördert die Errichtung
öffentlicher Spielplätze
(auch die »Schreber-
gärten« gehen auf seine
Initiative zurück). Mathias
Stinnes erwirbt 1851 Anteil-
scheine an Zechen, fach-
männisch »Kux« genannt
(mit Stinnes-Unterschrift)

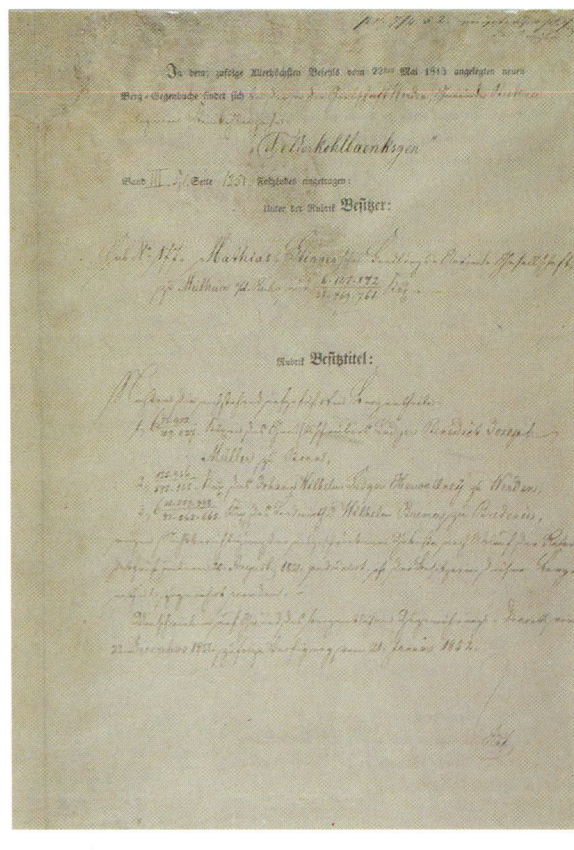

Zum Ruhm der deutschen
Wissenschaft: Der
Chemiker Robert Wilhelm
Bunsen (1811–1899) wird
durch seine Entdeckungen
und Entwicklungen zu
einem der größten Natur-
forscher des 19. Jahr-
hunderts. Unten sein
legendäres »Bunsen-
element«

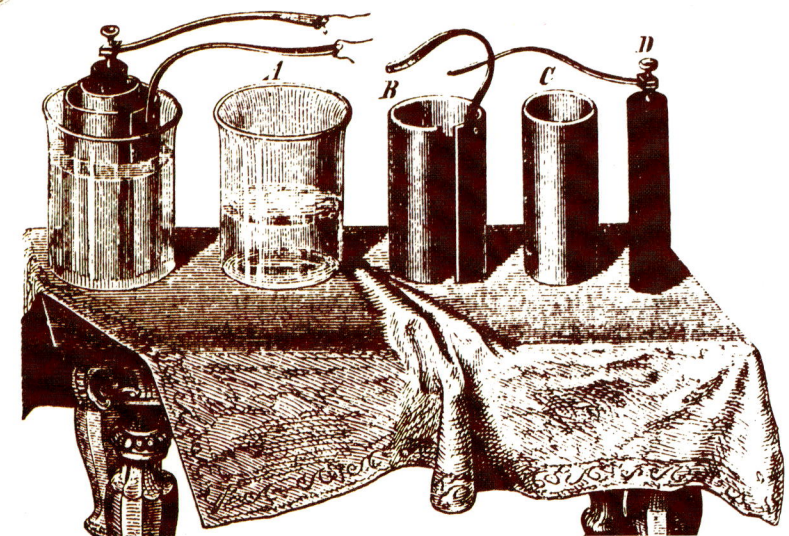

Produktionsmittel, Aufträge, Lagerbestände – gesund war, ergab sich die Umwandlung der »Offenen Handelsgesellschaft« in eine Aktiengesellschaft (am 26. Mai 1848) als Ausweg.

Wie gesund dieses vorwärts orientierte Unternehmen wirklich war, demonstriert der Umstand, daß die Familie Stinnes in einem Zeitraum von nur zwölf Jahren die Aktien zurückkaufen konnte und die »AG« bereits 1860 wieder in eine Offene Handelsgesellschaft umgewandelt wurde.

Doch das erlebte »das Mathisken« nicht mehr – der zweite Stinnes war bereits 1853, mit nicht einmal 36 Jahren, gestorben. Sein Bruder Johann Gustav (geboren 1826) übernahm die Firma.

25 Jahre lang führte dieser Stinnes das Unternehmen durch eine von inneren Umwälzungen

Für Fleiß und Freude: die
Singer-Nähmaschine von
1851, Wilhelm Buschs
unsterbliche Lausbuben-
geschichte »Max und
Moritz« von 1865

Ein Mann für alle Heraus-
forderungen: Johann
Gustav Stinnes, Sohn des
Firmengründers (Bild
links), übernahm das
Unternehmen 1853 und
führte es 25 Jahre lang mit
großem Erfolg

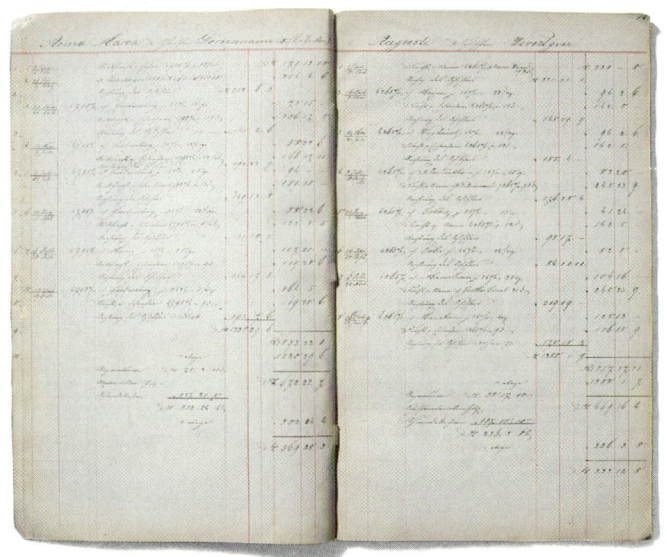

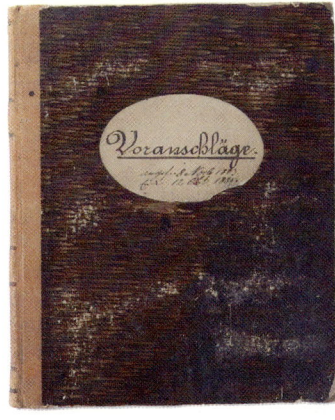

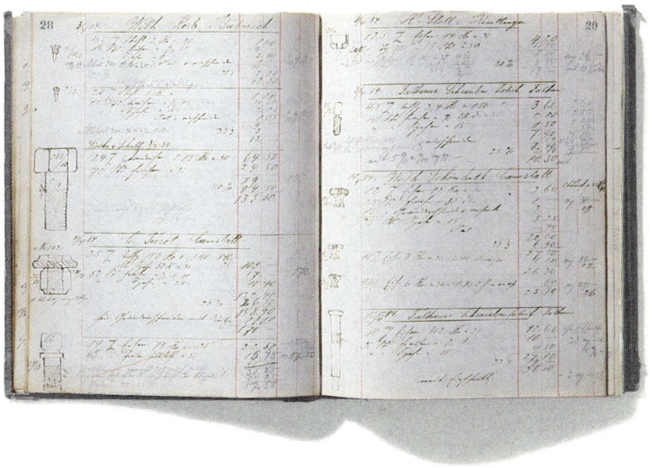

Die geballte Kraft des Unternehmens zeigt dieses Foto der Stinnes-Flotte von 1866 (links). Sogar der Kaiser sollte sie nach 1871 mehrfach mit seiner Besichtigung beehren. Doch die Basis dieser Kraft war noch ganz auf die Menschen bezogen: Die Schlepp-dampfer-Kapitäne lebten mit ihren Familien an Bord, die Buchführungen (Bilder unten) wurden noch säuberlich in Schön-schrift ausgearbeitet

Deutschlands erschütterte Zeit: der Krieg Preußen–Österreich, der Krieg gegen Frankreich, der zur Gründung des zweiten Deutschen Kaiserreichs führte, die industrielle Revolution, der Ausländerzuzug an die Ruhr (Polen), der Beginn der »Gründerjahre« brachten auch für ein Unternehmen wie Stinnes stürmische Jahrzehnte.

Hinzu kamen Branchenkrisen, die durch Naturereignisse verursacht wurden: 1857 und 1864 gab es Trockenperioden, die den Wasserstand von Rhein und Ruhr bedenklich senkten – so daß die Kohlennachen mit geringer Last nur noch »dahinschlichen« oder überhaupt nicht mehr fahren konnten. Dennoch vergrößerte der dritte Stinnes das Unternehmen kraftvoll, speziell auf dem Gebiet moderner Schleppschiffahrt. Als Johann Gustav Stinnes, erst 51 Jahre alt, im Februar 1878 an einem Blutsturz gestorben war, schrieb die »Rheinisch-Westfälische Zeitung« vom 25.2.1878:

»Wer den Verstorbenen gekannt hat, wird ermessen, was seine Familie, seine Freunde, was unsere Stadt an dem Verstorbenen verloren hat, der sich für unsere Gemeindeangelegenheiten in seltenem Eifer widmete. Unsere industriellen Verhältnisse kannte er wie wenige genau und hat für dieselben mit Erfolg gewirkt. Vor kurzem war noch Herr Stinnes durch Verleihung des roten Adlerordens ausgezeichnet worden. Wohl selten wird man einen volkstümlicheren Mann kennen gelernt haben, der bei kurzem entschiedenem Handeln sich die Liebe seiner Mitbürger und seiner Untergebenen in so hohem Masse erworben hat und dabei ein so rechter Mülheimer war, von altem Mülheimer Schrot und Korn.«

Die Welt horcht auf: Thomas Alva Edison erfindet 1877 den »Phonographen«, zwei Jahre später die Kohlenfadenlampe – und er nimmt 1882 in New York das erste öffentliche Elektrizitätswerk in Betrieb

Das fasziniert die Menschen: ein Bild vom einst idyllischen Ruhrtal, das 1866 bereits mit rauchenden Schloten bestückt ist, die Begegnung von Reichskanzler Bismarck und dem französischen Außenminster Jules Favre bei den Friedensverhandlungen 1871 in Frankfurt – und die Bilder von der ersten Durchschwimmung des Kanals durch Kapitän Webb 1876

Der Wunsch zu fliegen wird immer heftiger: Dr. W. O. Ayres mit seiner Flugmaschine von 1885. Doch erst 1903 gelingt der erste Freiflug mit Motorantrieb in USA

Nun ging der jüngste Sohn des alten Mathias, Hermann Hugo Stinnes (geboren 1842) in die Sielen – doch auch er starb früh, nach nur neun Jahren der Geschäftsführung, mit erst 44 Jahren. Die Kurzlebigkeit der Stinnes' belastete immer wieder die organische Weiterentwicklung des Familienkonzerns.

In der dritten Generation geht die Führung des Unternehmens bereits auf die Linie »weiblicher Erbfolge« über – man dachte ja damals auch in wirtschaftlichen Bereichen »monarchisch«. Gerhard Küchen, Sohn der ältesten Tochter des Gründers Mathias, wird zur beherrschenden Figur des Unternehmens. Man sagt dem Kommerzienrat Küchen »kühnen Unternehmergeist, kluge Vorsicht und nüchternes Rechnen« nach. Sein Ansehen ist hoch. Wenn der Kaiser an der Ruhr erscheint, sind die Stinnes-Schleppzüge der »bei weitem größten Rheinreederei« das Glanzstück bei den festlichen Flottenparaden. Im Jahr ihres 100jährigen Jubiläums verfügt die Firma Mathias Stinnes über 21 Schleppdampfer (davon werden neun

Der Ruf nach sozialer Gerechtigkeit wird zur Sache der Dichter: Gerhart Hauptmanns Stück »Die Weber« provoziert 1892 sogar den Kaiser

bereits durch Schrauben angetrieben), über eigene Lagerplätzen und moderne Anlagen in neun Häfen (Duisburg-Ruhrort, Duisburg, Gustavsburg, Frankfurt/Main, Offenbach, Mannheim, Karlsruhe, Rheinau, Kehl). Die Familie Stinnes regiert fünf Zechen, sie hat ihren Landbesitz weiter vergrößert, sie hat maßgebenden Einfluß in der Interessenvereinigung des Kohlenbergbaus.

Dennoch ergibt sich während der »Küchen-Ära« ein großer Umbruch in der Stinnes-Firmengeschichte. Dieser Bruch ereignet sich im Jahr 1892. Reichskanzler Bismarck ist gerade verbittert in den Ruhestand gegangen, die »Hofkamarilla« um den jungen Kaiser Wilhelm II. regiert in Berlin voller Großmachtsucht. Das »Reich« steht nach außen hin glänzend da – in »schimmernder Wehr«, zunehmend säbelrasselnd –, doch unter der Oberfläche gärt es: kein Zufall, daß in diesem Jahr der junge, geniale Dramatiker Gerhart Hauptmann sein aufrührerisches Stück »Die Weber« präsentiert, kein Zufall, daß der Sozialdemokrat August Bebel über »Christentum und Sozialismus« schreibt. Selbst in die konservativen Opernhäuser kehrt krasser Realismus ein: Ruggiero Leoncavallo vertont die soziale und menschliche Tragödie eines Clowns, »Der Bajazzo«. In Hamburg bricht die verheerende Cholera-Epidemie aus, die Vereinigten Staaten leiden unter einer schweren Wirtschaftskrise...

Es ist ein Jahr innerer Unruhe, großer sozialer Spannungen und Strukturverwerfungen. In dieser Situation gewinnt die Stinnes-Geschichte eine neue Kraft – und damit eine neue Richtung.

Der Rang der Hauptstadt Berlin festigt sich auch abseits der Politik: 1882 wird das Berliner Philharmonische Orchester gegründet – und 1885 erfindet der Berliner Waldemar Gerlach das spektakuläre Hochrad

Der Kampf der Klassen teilt das Land: Arbeiter streiken (1886) – Angestellte und Beamte sind die Stützen von Ruhe und Ordnung (großes Bild: Stehpultkontor der Berliner Kindl-Brauerei um 1900)

Zwei Leitfiguren der Deutschen verlassen die Szene: Bayerns Märchenkönig Ludwig II. ertrinkt 1886 im Starnberger See, Reichskanzler Otto von Bismarck wird vom jungen Kaiser Wilhelm II. 1890 entlassen. Die Karikatur der englischen Satirezeitschrift »Punch« ist bis heute populär: »Der Lotse verläßt das Schiff.« Auch bei Stinnes bahnen sich große Veränderungen an. Hugo Stinnes tritt an

V

Ein Genie wird aktiv

DER AUFSTIEG DES HUGO STINNES

Die neue Kraft heißt Hugo Stinnes. Er ist der zweite Sohn von Hermann Hugo Stinnes, am 22. Februar 1870 geboren. Er ist ein mittelgroßer, breitschultriger Mann mit kastanienbraunem Haar, das er in kurzem Bürstenschnitt trägt. Sein Bart dagegen ist kohlschwarz, die Augen liegen tief und glühen dunkel unter langen Wimpern. Die bleiche, gelbliche Hautfarbe trägt dazu bei, ihm ein fast exotisches Aussehen zu verleihen – eine Zeitung nennt ihn »den Assyrerkönig«. Sein erster Biograph Hermann Brinkmeyer hat diesen Mann so beschrieben: »Er könnte in der Kleidung eines Werkmeisters oder Bergmannes gehen; man würde sich nicht wundern, ihm so auf einer Kohlenzeche zu begegnen. Er ist selber ein wandelndes Stück Kohle … Seine äußere Erscheinung ist ohne jede Pose, eindeutig, schwer, fest. Wenn er ein wenig gebeugt dahergeht, latscht er wie ein Seefahrer. In Kleidung, Gewohnheit und Gehaben ist er ein einfacher Mann…« Der berühmte Publizist Maximilian Harden hingegen entdeckt an Hugo Stinnes Poetisches: »Der feucht leuchtende Blick eines nazarenischen Schwärmers über dem Mund eines kalten Rechners, einem Mund, dessen Lippen sich nicht gerne öffnen …« Er sieht auch den Ausdruck von »Fanatismus«. Ein Betrachter von heute könnte an einen Künstler, einen Geistlichen denken.

Wie auch immer – von diesem Hugo Stinnes ging eine große Magie aus. Seine Tochter Else Stinnes erinnert sich heute: »Er sprach leise, weil er von Jugend an Schwierigkeiten mit dem Kehlkopf hatte – aber wenn er sprach, wurde es sofort mäuschenstill, alle hingen an seinem Mund. Er hatte eine starke, natürliche Autorität.« Es gibt für ihn zwei starke Motivationen, anders als die anderen zu sein, aus sich selbst etwas Besonderes zu machen. Der Stinnes-Biograph Gert von Klass schreibt:

»Hugo Stinnes liebt seine Mutter, wie ein Kind die Mutter nur lieben kann, und ist ihr Augapfel bis zu seinem siebenten Lebensjahr. Als ein jüngerer Bruder geboren wird, ändert die Mutter ihr Verhalten. Plötzlich hat sie keine Zeit mehr für ihn. Das Kind fühlt sich vernachlässigt und allein gelassen, ohne eine Erklärung für dieses Erlebnis finden zu können. Um die Mutter zurückzugewinnen, legt es sich nachts ins offene Fenster. Er will krank werden – in der Hoffnung, daß die Mutter ihm dann wieder ihre Liebe zuwenden werde. Bei jeder Geburt eines eigenen Kindes wird sich der Mann an dieses bittere Jugenderlebnis erinnern, wird sich verpflichtet fühlen, ein guter Vater zu sein.

Indessen vertiefen sich die Schatten durch die Krankheit des Vaters. Der junge Hugo gewöhnt es sich an, den Vater, wenn die Schule zu Ende ist, vom Büro abzuholen. Als er heranwächst, wird er neben der Mutter sein zweiter Betreuer. Er schläft im Raum neben den Eltern und wacht beim leisesten Geräusch im Krankenzimmer auf. Das, was ihn später auszeichnen wird, Zuverlässigkeit und völlige Hingabe an eine Pflicht, kündet sich schon beim Kinde an. Die bedrückte Atmosphäre im Elternhaus läßt ihn früh reifen. Er fühlt, daß nichts in der Welt so ist, wie es sein sollte, auch nicht im väterlichen Geschäft. So jung er ist, versteht er doch zu beobachten, aufzunehmen und zu schweigen.«

Hugo Stinnes ist ein Einsamer und, auf seine Weise, ein Radikaler. Er schert sich nicht um die bürgerlichen Konventionen, wenn er eine andere Wahrheit entdeckt hat, und er handelt schnell, kompromißlos nach eigenem Willen.

Wenn man nur die nackten Lebensdaten nimmt – oder die bürgerlichen Maßstäbe Ende des 19. Jahrhunderts –, dann war Hugo Stinnes ein verkrachter Lehrling, ein verunglückter Student. Er machte zwar mit 17 sein Abitur, brach aber seine Lehre bei der Handelsfirma Spaeter in Koblenz (Prokurist: Peter Klöckner, der spätere Schöpfer des Klöckner-Konzerns) ab, arbeitete für ein paar Monate unter und über Tage auf der Zeche Wiesche, besuchte ein Jahr lang die Technische Hochschule und die Bergakademie in Berlin, legte ein Examen ab, das man mit einem heutigen Fachoberschulabschluß vergleichen kann.

Daß der junge Hugo Stinnes immer wieder so früh Schluß machte, lag freilich nicht an mangelnder Begabung oder fehlendem Fleiß, wie das bei Nachgeborenen großer Unternehmer-Dynastien so oft zu beobachten ist. Hugo Stinnes ging, wenn er glaubte, nichts mehr lernen zu können. Im Bergwerk kannte er jeden Arbeitsgang, jeden Kumpel. An der Technischen Hochschule arbeitete er jeden Tag intensiv für zehn verschiedene Fächer. Er war ein Mann voller innerer Unruhe und Dynamik, voller enormer Lernfähigkeit, mit einem fast dämonischen Aufstiegswillen.

Mit erst 22 Jahren – eben 1892 – machte Hugo Stinnes sich selbständig. Er kam mit seiner Mutter Adeline überein, daß sie aus der Firma Mathias Stinnes austrat und sich auszahlen ließ. Er selbst gab seine Position als Prokurist im Hause Stinnes auf und gründete ein eigenes Handelshaus unter der Firma *Hugo Stinnes* – mit einem Startkapital von 50 000 Mark, das ihm die Mutter zuschoß.

PATENT-URKUNDE

№ 88396

AUF GRUND DER ANGEHEFTETEN PATENTSCHRIFT IST DURCH BESCHLUSS
DES KAISERLICHEN PATENTAMTES

an Math. Stinnes in Mülheim a/d. Ruhr

EIN PATENT ERTHEILT WORDEN.

GEGENSTAND DES PATENTES IST:

*Pendelnd aufgehängtes selbstthätiges Absperr-
ventil für Dampfleitungen mit nach aussen
führender Bewegungsstange.*

ANFANG DES PATENTES: *6. August 1895.*

DIE RECHTE UND PFLICHTEN DES PATENTINHABERS SIND DURCH DAS PATENT-
GESETZ VOM 7. APRIL 1891 (REICHS-GESETZBLATT FÜR 1891 SEITE 79) BESTIMMT.

ZU URKUND DER ERTHEILUNG DES PATENTES IST DIESE AUSFERTIGUNG
ERFOLGT.

KAISERLICHES PATENTAMT.

GESETZ v. 7. APRIL 1891

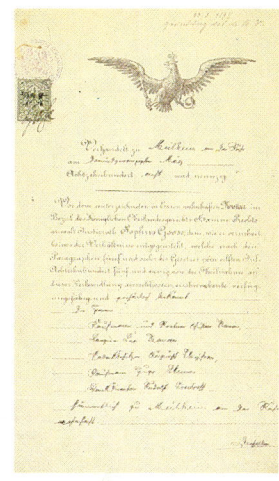

Dokumente, die Firmen-
Geschichte machen: eine
kaiserliche Patenturkunde
für Stinnes von 1895 – und
eine Notariatsurkunde
von 1910 über die Ver-
sammlung der »Gewerken«
des Steinkohlenberg-
werks Mathias Stinnes

Hoffnungen der Zeit:
Die Brüder Wright
schaffen 1903 den ersten
Motorflug. Die Haager
Weltfriedenskonferenz
von 1899 kann die
politischen Spannungen
in Europa nicht abbauen

Fortschritt in Frieden:
Immer mehr junge
Menschen schließen sich
nach der Jahrhundert-
wende der »Wander-
vogel«-Bewegung an. Die
Stinnes-Schleppzüge
repräsentieren die größte
Rheinreederei in Europa
(doch auch in einer so
großen Firma wird immer
noch per Hand Buch
geführt)

In seinem Buch »Unternehmen Energie – aus der Geschichte der VEBA« schreibt Heiner Radzio:

»Hugo Stinnes beginnt, wie könnte es anders sein, mit dem Kohlenhandel. Es ficht ihn nicht an, daß er sich damit in direkte Konkurrenz zur alten Familienfirma begibt. Obschon er in Mülheim in einem kleinen Büro mit nur einem Angestellten anfängt, ist sein Sinn von vornherein auf Großes gerichtet. Er will kein Krämer bleiben. Und bereits sein erstes großes Geschäft beweist, daß er, wie sein Großvater, Dinge sieht, die andere nicht sehen, und daß er imstande ist, daraus Kapital zu schlagen – das ebenso einfache wie schwer zu befolgende Rezept, um ein erfolgreicher Kaufmann und Unternehmer zu werden.

Hugo Stinnes hatte entdeckt, daß die handelsübliche Größe der Steinkohlenbriketts von der Ruhr für die Schweizer Bundesbahn ungeeignet war. Er schlug der Bahn vor, sie mit größeren Briketts zu beliefern, die er in Straßburg gerne herstellen würde. Die Bahn akzeptierte diese Problemlösung. Hugo Stinnes gründete in Straßburg eine Gesellschaft und baute eine Brikettfabrik. Das war sein erstes Großgeschäft...«

»Nebenbei« behielt er die technische Leitung der Stinnes-Bergbaubetriebe, um sie zu modernisieren und schuldenfrei zu machen. Die Stinnes-Zechen wiesen 1893 eine Produktion von 1 075 000 Tonnen auf.

Der blutjunge Unternehmer Hugo Stinnes plante und realisierte Schlag auf Schlag. Er trat dem Rheinisch-Westfälischen Kohlensyndikat bei und wurde eine der beherrschenden Figuren dieses Zusammenschlusses, der dem Kohlenbergbau Macht und technische Blüte bescherte. Er hatte einen unfehlbaren Instinkt für die richtigen wirtschaftlichen Schwerpunkte.

Hugo Stinnes baute seinen Kohlenhandel international aus, errichtete Filialen in Newcastle, Hull, Glasgow, Cardiff, dazu in Brüssel, Rouen, Genua und Mailand. Später »eroberte« er sogar Rußland mit »seiner« Kohle – modernste Stinnes-Kräne löschten die Ladungen in St. Petersburg mit nie gekannter Schnelligkeit.

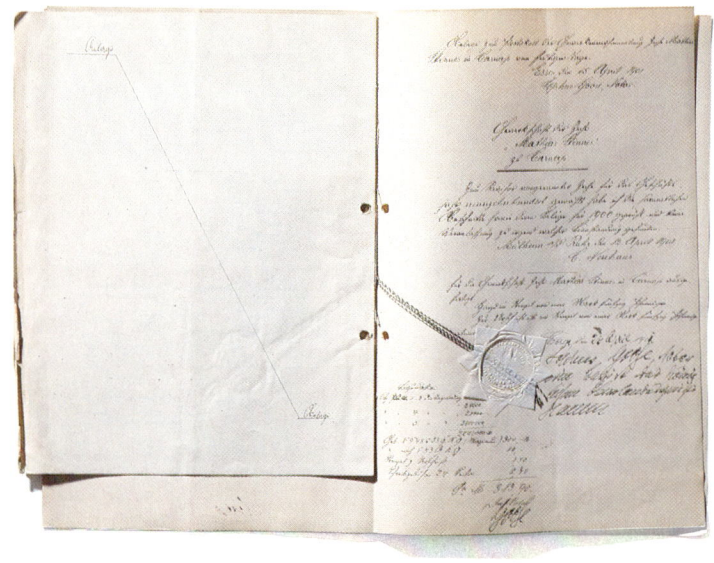

Die faszinierende Industrie-Architektur des neuen Jahrhunderts: Ein Blick auf die Zeche Mathias Stinnes von 1905, Schacht III/IV

Er schuf sich eine Binnenflotte auf Rhein und Ruhr in Konkurrenz zu dem alten Familienunternehmen.

Bald gehörte er zu den großen Kohlenhändlern und Binnenreedern Deutschlands.

Er zeigte technisches Genie in Verbindung mit Sparsamkeit und »ökologischem« Denken: Er erfand die sogenannten »liegenden Koksöfen«, die mit dem vom Ofen selbst erzeugten Gas beheizt wurden – einem Gas, das sonst immer in die Luft gejagt wurde.

»Diese Jahre des Aufbruchs sind ein Vorwärtsstürmen schon vom ersten Tag an«, schreibt Gert von Klass. »Als ob er wüßte, daß ihm die volle Ausrundung seines Lebens vom Schicksal verwehrt wird…«

Hugo Stinnes ließ sich eine kühne Idee patentieren, durch die das Ruhrgebiet mit überschüssigem Kokereigas versorgt werden sollte – Ansatz zu einer Wärmeverbundwirtschaft.

Eine andere revolutionäre Vision: Die Übertragung von hochgespanntem Drehstrom über weite Entfernungen, eben erst experimentell möglich, ließ ihn daran glauben, daß das ganze Ruhrgebiet, ganz Deutschland einmal vom Licht des elektrischen Stromes erhellt werden könnte.

In diesen schöpferischen Jahren stellte Hugo Stinnes auch die entscheidenden Weichen in seinem privaten Leben: 1895, als 25jähriger, heiratete er Cläre Wagenknecht, die Tochter eines begüterten Kaufmanns – gegen den Widerstand seiner Mutter. Vier Söhne und drei Töchter entstammten dieser Ehe, und Hugo Stinnes fand trotz allem beruflichen Streß immer Zeit für diese Familie. Der Sonnabend, das wußten bald alle Geschäftsfreunde, war für die Kinder reserviert, da spielte Hugo Stinnes mit ihnen Karten.

Schicksalhaft für den jungen Unternehmer Hugo Stinnes wurde die Begegnung mit einem Mülheimer, der in der Nähe des Bahnhofs wohnte und das Ehepaar Stinnes oft zu sich in sein kleines Haus einlud: August Thyssen, 28 Jahre älter als Stinnes, einer der legendären »Industriekönige« von der Ruhr, Schöpfer des größten privaten Stahlkonzerns in Europa.

Thyssen und Stinnes gründeten den *Mülheimer Bergwerksverein*, der notleidende Zechen aufkaufte, sanierte, rationalisierte. Drei Jahre nach der Gründung verfügte der *Mülheimer Bergwerksverein* bereits über vier Zechen mit sieben

Leistungen »Made in Germany«: Emil von Behring (ganz links) entdeckt das Antitoxin gegen die Diphtherie und erhält 1901 den Nobelpreis für Medizin, Wilhelm von Röntgen entdeckt 1895 die nach ihm benannten Strahlen und erhält 1901 den Nobelpreis für Physik

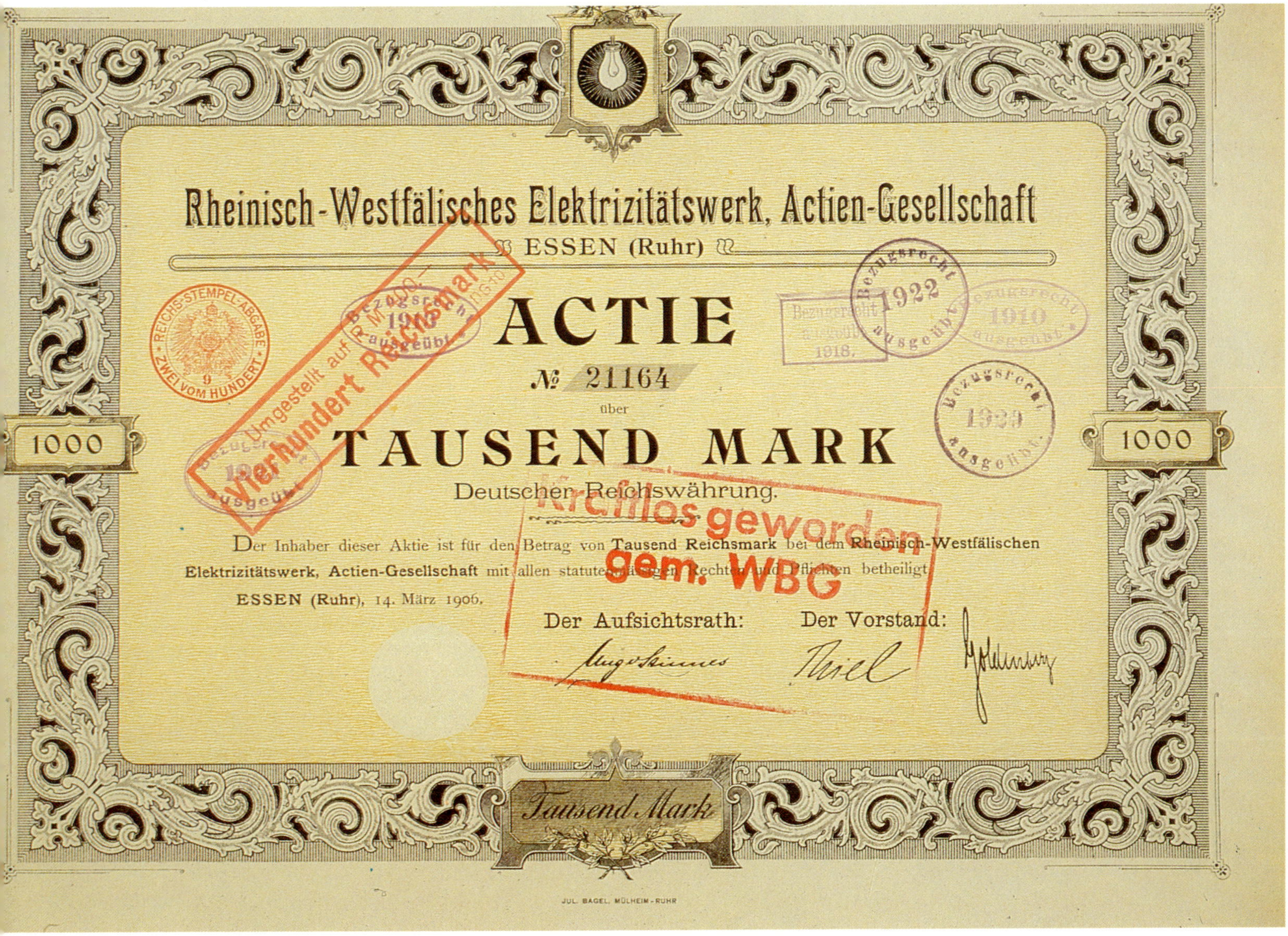

Rheinisch-Westfälisches Elektrizitätswerk, Actien-Gesellschaft
ESSEN (Ruhr)

ACTIE
№ 21164
über
TAUSEND MARK
Deutscher Reichswährung.

Der Inhaber dieser Aktie ist für den Betrag von Tausend Reichsmark bei dem Rheinisch-Westfälischen Elektrizitätswerk, Actien-Gesellschaft mit allen statutenmäßigen Rechten und Pflichten betheiligt.

ESSEN (Ruhr), 14. März 1906.

Der Aufsichtsrath: Der Vorstand:

1000   1000

Tausend Mark

JUL. BAGEL, MÜLHEIM-RUHR

Kontrakte der Jahrhundertwende: Hugo Stinnes steigt in das Rheinisch-Westfälische Elektrizitätswerk der Stadt Essen ein und setzt damit kühn auf die neue Energiequelle Strom. Das ist eine wirtschaftliche Vision. Aber er hat auch eine soziale: »Der letzte Kätner soll Licht in seiner Wohnung haben.« – Auf den Berliner Revuebühnen geht es zunehmend kecker zu (Olympia-Theater um 1900)

Ein »Familienfoto« der Arbeitswelt von 1906: Die Belegschaft von Schacht 1 und 2 der Zeche »Rosenblumendelle«

Glanz und Elend des Kaiserreichs: Wilhelm II. empfängt 1909 den Grafen Zeppelin (oben). Der Schuster Wilhelm Voigt verübt 1906 seinen Geniestreich als »Hauptmann von Köpenick« und kommt in Berlin vor Gericht (rechts)

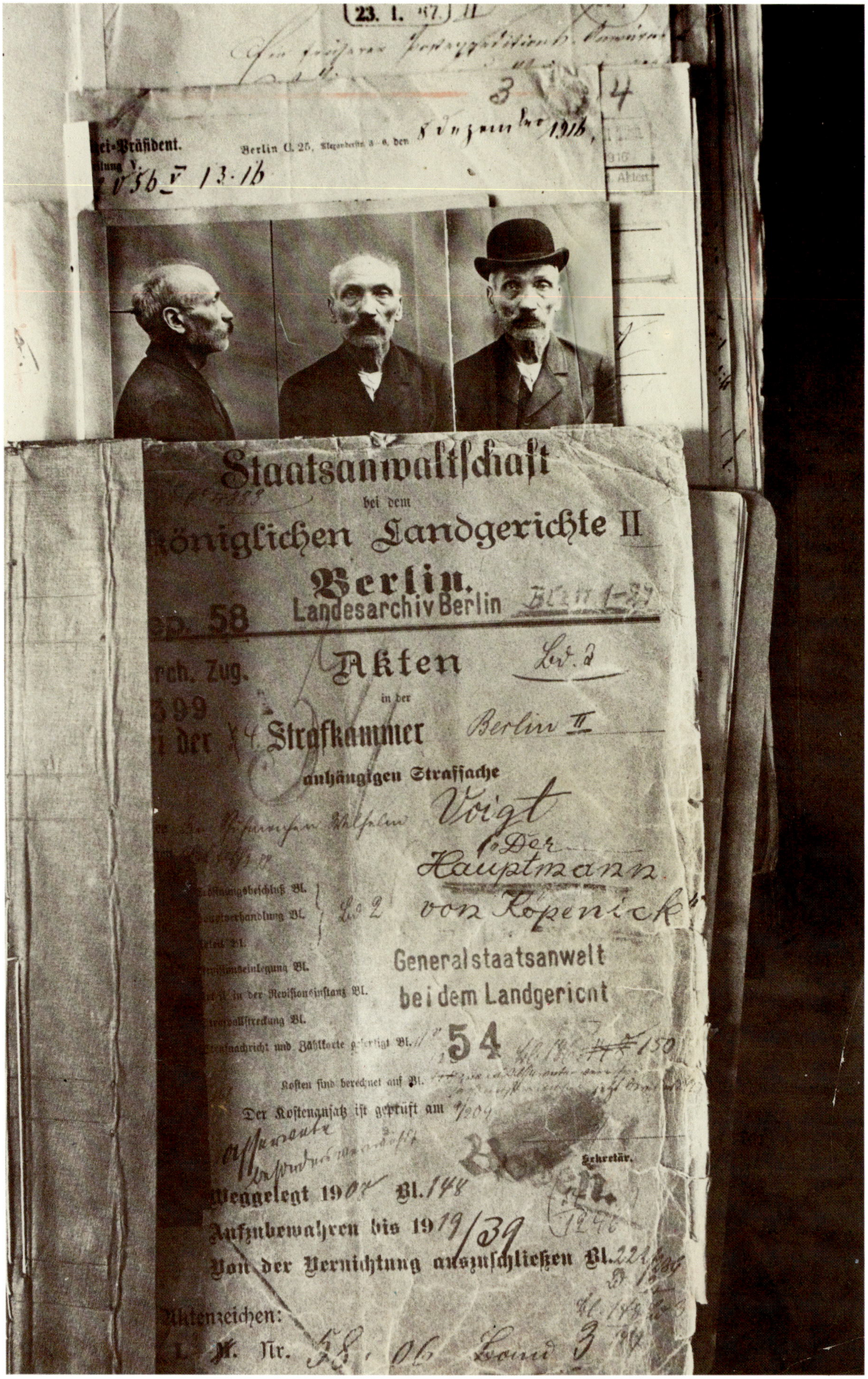

Tiefbauanlagen, mehr als 90 Koksöfen, zwei Brikettfabriken und verwaltete ein Vermögen von über 25 Millionen Goldmark – das Startkapital hatte 6 Millionen betragen.

Die beiden ungleichen, aber kongenialen Partner gründeten auch eine Bank, die schon nach zwei Jahren zusammenbrach. Doch Mißerfolge konnten sie nicht aufhalten.

Sie wandten sich einem Unternehmen zu, das nahezu marode schien: der *Saar-Mosel-Bergwerksgesellschaft*. Solche Sanierungsobjekte reizten vor allem Hugo Stinnes: Er sah immer die Chance, es besser zu machen, weil er ein Vollblutunternehmer war. Zehn Jahre lang kümmerte sich Stinnes um jedes Detail, vom Ausbau der Schächte bis zum Neubau der Arbeiterwohnungen, dann blühte dieses Unternehmen – und wurde zum entscheidenden Köder.

Denn: Die *Deutsch-Luxemburgische Bergwerks- und Hütten-Aktiengesellschaft* übernahm die Hälfte der »Saar und Mosel«-Aktien. Von nun an war die »Deutsch-Lux« die eigentliche Domäne des Hugo Stinnes. Er baute diesen Konzern derart zielstrebig aus, daß er bei »Deutsch-Lux« schließlich über ein Kapital von 250 Millionen Goldmark verfügte. Die Stinnes-Gruppe gehörte nun zu den Großkonzernen des Reviers, zu Krupp, Thyssen, Gelsenberg.

Gert von Klass schreibt: »Im Alter zwischen dreißig und vierzig steigt Hugo Stinnes empor zur industriellen Größe, die er sich allein verdankt. Neben den gewiegten Kohlenhändler und Bergfachmann von Rang tritt der Hüttenfachmann, überzeugt, daß die Kohle nichts ohne das Eisen ist und umgekehrt. Er arbeitet mit den deutschen Großbanken, als ob er zeitlebens ein in allen Sätteln gerechter Finanzmann gewesen wäre, und wird von ihnen als Souverän aus eigenen Gnaden mit jeder erdenklichen Hochachtung behandelt. Bald gibt es keine Tür mehr, die ihm nicht offen stände, aber er durchschreitet sie als immer der gleiche, persönlich bescheiden, anspruchslos und nie in Gefahr, sich mit seinen Erfolgen zu überheben. Sein wirtschaftliches Denken umschließt kühne Spekulationen ebenso wie trockene Rechenkünste, er ist immer bereit zu Wagnissen, wenn er die Stunde für gekommen hält, aber er kann auch den einzig richtigen Augenblick abwarten, wie ein passionierter Angler, der ohne Geduld keinen Fang macht.«

Eines der Geheimnisse seines Erfolges war das Talent, die richtigen Männer für die richtigen Aufgaben zu finden. Er suchte immer »nach einem Kopf, der mir 10 000 Arbeiter wert ist«, wie er sagte – und er fand solche Führungspersönlichkeiten, denen er vertrauen konnte.

Zwei so große, eigenwillige, unkonventionelle Männer wie Stinnes und Thyssen konnten nicht ewig in Eintracht leben. Sie bekamen, geradezu programmgemäß, Krach, trennten sich – für Stinnes ein großer menschlicher Schmerz. Doch er war stark und selbstbewußt genug, um seinen Weg allein zu gehen. Er lebte für die Arbeit – und es gab genug zu tun.

Einer der großen Würfe von Hugo Stinnes war sein Einstieg in das *Rheinisch-Westfälische Elektrizitätswerk* der Stadt Essen. Er saß »nur« im Aufsichtsrat, er ließ fremdes Geld für sich arbeiten – aber er hatte die epochalen Ideen, die aus dem RWE eines der größten Elektrizitätsversorgungsunternehmen Europas machen sollten.

Spitzenleistungen: In Dresden wird 1911 »Der Rosenkavalier« von Richard Strauß uraufgeführt (oben Gruppenbild mit den Komponisten, dem Dichter Hugo von Hofmannsthal, dem Regisseur Max Reinhardt). Roald Amundsen erreicht 1911 als erster den Südpol (unten). Ein Mercedes fährt 1909 Weltrekord: 205 Stundenkilometer

1808

Zur Erinnerung an die Feier des hundertjährigen Bestehens

Ein stolzes Fest: Stinnes feiert 1908 sein hundertjähriges Firmenjubiläum. Die Spitzenkräfte des Unternehmens bauen sich zum Paradefoto auf, die Zeitungen bringen Sonderausgaben. Die »Mülheimer Zeitung« (unten) erscheint mit über die ganze Blattbreite gehenden Schlagzeilen: »Hundert Jahre Mülheimer Schiffahrt und rheinischen Kohlenverkehrs. Die Jubiläumsfeier des hundertjährigen Bestehens des Hauses Mathias Stinnes«

Für Stinnes war Strom die Energie Nr. 1, die moderne Form, Kohle zu »veredeln« und per Draht zu transportieren, wohin auch immer man sie haben wollte. Also: Große Elektrizitätswerke mußten von Standorten, an denen am billigsten Strom erzeugt werden konnte, die Industrie mit Energie versorgen – ein simples, geniales Rezept. Unter unendlichen Mühen setzte er dieses Konzept durch, und er brachte schließlich das RWE unter seine Kontrolle und wurde Vorsit-

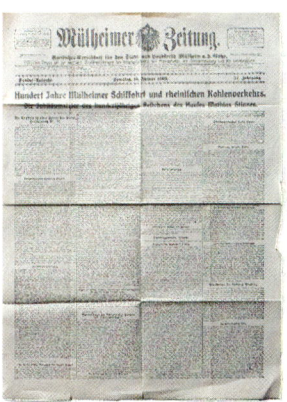

Sensationen von 1912: Die Büste der Nofretete wird gefunden und nach Berlin gebracht, die »Titanic« (oben) sinkt, Kaiser Wilhelm II. schreitet »unter den Linden« in Gala-uniform mit allen Söhnen zum Berliner »Zeughaus«

zender des Aufsichtsrats. Immer mehr Gemeinden, Städte, Unternehmen, Behörden (Eisenbahn) bezogen ihren Strom vom RWE. Dahinter stand nicht nur eine wirtschaftliche, sondern auch eine soziale Vision.

Else Stinnes, die jüngste Tochter von Hugo Stinnes, erinnert sich: »Mein Vater hielt das RWE für sein größtes Werk überhaupt. Ich weiß das aus den Erzählungen meiner Mutter. Mein Vater sagte immer wieder: ›Auch der letzte Kätner im Bergischen Land soll Licht in seiner Wohnung haben – durch möglichst billigen Strom.‹«

Es ist nicht möglich, hier auf die tausend Aktivitäten des Hugo Stinnes einzugehen. Gerade das Beispiel RWE lehrt aber, daß er immer wie-

der die Entwicklungschancen eines Unternehmens, einer Branche richtig gesehen hat – und sie blitzschnell, risikofreudig, kreativ nutzte. Er hat die Möglichkeiten von Ferngasleitungen erkannt. Er hat – mitten im nationalen Taumel der Begeisterung für die Zeppeline – auf die Zukunft der Flugzeuge gesetzt. Er hat die Braunkohle für die Elektrizitätswirtschaft erschlossen. Er hat logische Unternehmensketten in die Zukunft verlegt: riesigen Waldbesitz gekauft – das Holz zu Zellstoff, dann zu Papier verarbeiten lassen – Druckereien, Buchbindereien, Zeitungen gekauft . . . So wurde er einer der Pioniere der modernen Medien – und damit auch ein wichtiger Faktor in der deutschen Politik.

Stinnes auf Hochtouren: In den letzten Jahren vor dem Ersten Weltkrieg löschen Stinnesschiffe Kohle zwischen St. Petersburg und Genua. Die Binnenflotte von Hugo Stinnes – mit ihren Schifferfamilien an Bord – macht dem alten Familienunternehmen von Mathias Stinnes kräftig Konkurrenz

VI

Der Erste Weltkrieg

IDEEN
UND TATEN FÜR
DEN FRIEDEN

Als 1914 der Erste Weltkrieg begann, hatte Hugo Stinnes 22 Jahre harter Arbeit hinter sich. Sein Vermögen näherte sich 30 Millionen Goldmark – doch das Kapital, das er kontrollierte, war mindestens zehnmal so groß. Er beherrschte das Instrumentarium der Bankkredite souverän – seine Freunde saßen überall. Er war ein Mann des kalkulierten Risikos und des ständigen Wachstums. Er war, auf seine Weise, ein Künstler.

Mitten im Ersten Weltkrieg, als Deutschland von den Alliierten blockiert war, plante er schon die Expansion für kommende Friedenszeiten: Er stieg groß ins Seeschiffahrtsgeschäft ein. In Deutschlands düstersten Stunden, im Herbst 1918, engagierte er sich bereits für einen sozialen Frieden zwischen Unternehmern, Arbeitern, Gewerkschaften, der Sozialdemokratischen Partei. Er überzeugte andere große Arbeitgeber von der Notwendigkeit, eine Art »konzertierte Aktion« zu schaffen, die »Arbeitsgemeinschaft der industriellen und gewerblichen Arbeitgeber und Arbeitnehmer Deutschlands«. Zum Wohle des Ganzen sollten hier die Konflikte des »Klassenkampfes« ausgetragen und harmonisiert werden – Stinnes wollte Deutschland vor dem Kommunismus, der neuen politischen Gefahr, bewahren.

. Es gibt einen dramatischen Augenzeugenbericht von einer der Zusammenkünfte zur Schaffung der »Zentralarbeitsgemeinschaft«. Er stammt von Carl Friedrich von Siemens und berichtet vom 9. November 1918, dem Tag, an dem die »deutsche Revolution« begann.

»Am 9. November 1918 saß Hugo Stinnes mit einem kleinen Kreis von Männern im Hotel Continental, während draußen das Geknatter der Gewehrschüsse ertönte. Man wollte die vor Monaten begonnenen Verhandlungen zu Ende führen und hierdurch auf die Revolutionswellen

wannen ... Wenn Stinnes ein Ziel erkannte, so ging er geradewegs darauf zu und überwand alle Schwierigkeiten zugunsten des Endziels.«

In der logischen Konsequenz dessen, was er tat, war er auch ein politischer Mensch – und er engagierte sich nach dem verlorenen Krieg in der Politik, in der rechtsliberalen »Deutschen Volkspartei«. Selbstverständlich vertrat er – als Reichstagsabgeordneter – Unternehmerinteressen, er war ja Unternehmer. Aber er kämpfte auch für seine Idee von der »Solidarität der Menschen in der Arbeit« – nur sie könnte die Zukunft Deutschlands sichern, wie er meinte. So wurde er von den einen als der Erzkapitalist schlechthin verteufelt – und von anderen, auch prominenten Arbeiterführern, hoch geschätzt. Er war, durch seine persönliche Dynamik und Selbständigkeit, die vielleicht kontroverseste Figur der jungen Weimarer Republik.

Selbst unter den Bedrückungen des Versailler Friedensvertrages, trotz schwerer Substanzverluste baute Stinnes sein »Imperium« auch unter völlig gewandelten Vorzeichen weiter aus. Walter Rathenau, der AEG-Chef und spätere Reichsaußenminister, meinte, Stinnes identifiziere seine persönlichen Interessen mit denen des Staates. Was ihm nütze, erachte er auch als gut und heilsam für die Gesamtheit. Wir kennen diese Grundeinstellung aus den Vereinigten Staaten. Sicher bezog Hugo Stinnes aus dieser Position eine große Kraft.

Hinzu kam, daß er als Organisator die Gegebenheiten der neuen Zeit richtig sah. »Ich habe zwei große Grundsätze. Der erste ist das Zusammenwirken der Industrien unter sich. Ich teile nicht die Ansicht der Schöpfer der großen

etwas Öl gießen – Anerkennung der Gewerkschaften als gleichberechtigte Vertragspartner, Zustimmung zum Prinzip eines Tarifvertrages und achtstündiger Arbeitstag waren die zu lösenden Probleme. Der Führer der Arbeitnehmer war Karl Legien. Hugo Stinnes erklärte, daß er sich bisher um die sozialen Fragen kaum gekümmert habe, er habe es bisher für seine Aufgabe angesehen, daß die Schornsteine rauchen. Unumwunden gab er zu, daß dies ein Fehler gewesen sei, der in Zukunft vermieden werden müsse. Seine einfache klare Sprache erweckte den Eindruck, daß hier ein Geist arbeitete, der sich auf das vorliegende Problem scharf konzentrierte. In der Konzentrationsfähigkeit lag sein fast hypnotischer Einfluß, den er auf alle ausübte, die mit ihm zusammenarbeiten. Seinem Einfluß war es daher zu verdanken, daß das Novemberabkommen in zwei oder drei Tagen fertiggestellt wurde und die reichlich vorhandenen Bedenken nicht die Oberhand ge-

Im Zug von Not und Verzweiflung: Bewaffnete »Spartakisten« kämpfen 1919 für ein sowjetisches Deutschland (oben), die Lebensmittelgeschäfte sind leer, weite Kreise der Bevölkerung leiden Hunger, Kinder bekommen durch die Schulspeisung oft die einzige Mahlzeit am Tag

Der Einfluß der Industrie: Hugo Stinnes (unten) wird nach der Abdankung des Kaisers (Urkunde unten rechts) zu einer zentralen Figur der neuen Weimarer Republik. Auch im Reichstag nimmt er Platz. Seine Bedeutung karikierte der »Simplicissimus« mit einer Zeichnung, die Walther Rathenau und Hugo Stinnes gegeneinander ausspielt (rechts)

amerikanischen Trusts, daß jeder Industriezweig von den anderen getrennt sein und für sich gedeihen muß, mit dem einzigen Zweck eines möglichst großen Ertrages. Sie sind solidarisch. So beginne ich mit der Kohle als Grundlage jeder Produktion. Ich gehe einerseits zum Hüttenwesen über, dann zu den Konstruktionsindustrien, um zu Schiffen, zu Schiffahrt und Handel zu gelangen. Andererseits gehe ich von der Kohle zur Braunkohle, dann zum Holz, dann zum Papier, dann zu den Zeitungen. So habe ich meine Unternehmungen organisiert, um mit einem Mindestmaß an Kosten zum Höchstmaß des Ertrages zu kommen.

Mein zweiter Grundsatz besteht darin, mit den Gemeinden und Arbeitern zusammenzuarbeiten. Meine Unternehmungen in Rheinland werden unter Mitwirkung der Gemeinden betrieben. Ich selbst habe als einfacher Arbeiter monatelang unter Arbeitern verbracht, um sie zu verstehen, und jetzt bin ich dahin gelangt, sie an ihrer Arbeit zu interessieren, indem ich unaufhörlich ihre Lage verbessere.«

Die *Deutsch-Lux* hatte am Ende des Ersten Weltkrieges durch Gebietsabtretungen 60% ihrer Erz- und Kohlengrundlagen verloren. Die Franzosen forderten einen ruinösen Anteil an der Kohle- und Koksproduktion des Ruhrgebietes. Eine Energiekrise drohte, wirtschaftlich ähnlich verheerend wie die Ölkrise von 1973.

Hugo Stinnes beantwortete die Herausforderung durch Anwendung seiner Philosophie von der »vertikalen« Organisation eines Konzerns. Sie reichte von Rohstoffen, Energie über Schwerindustrie und Weiterverarbeitung bis zu den Endprodukten, bis zu Handel, Verkehr und Dienstleistungen.

Einige wichtige Stichworte für diese Entwicklung: Interessengemeinschaft mit dem *Stahlwerk Brüninghaus* in Werdohl und mit Weiterverarbeitern im Sauerland. Kauf von Unternehmen; zum Beispiel Walzwerk, Kettenfabrik, Nieten- und Drahtwerk, Feinblechwalzwerk, Werkzeugmaschinenfabrik. 1920 Erwerb des *Bochumer Vereins für Bergbau- und Gußstahlfabrikation* (18 000 Arbeiter). Schließlich 1920 Gründung einer für 80 Jahre bis zum Jahre 2000 vereinbarten Interessengemeinschaft (*Rheinelbe-Union*) mit der *Gelsenkirchener Bergwerks-AG (GBAG)* als der größten deutschen Zechengesellschaft und im

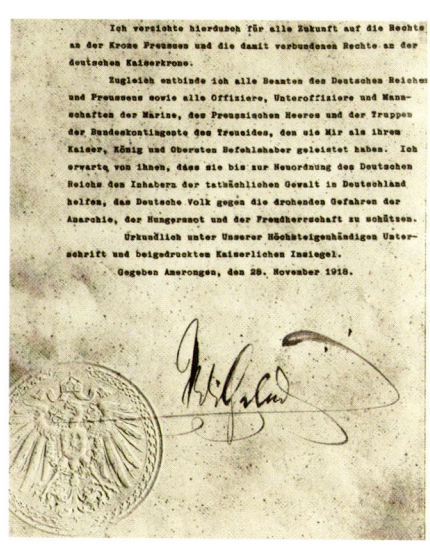

Die gespaltene Nation:
Linke »Spartakisten«
entfesseln 1920 Unruhen
im Ruhrgebiet (oben), der
»Kapp-Putsch« von rechts
kann 1920 nieder-
geschlagen werden (Bild
darunter). Die erste
deutsche Republik leidet
unter den Folgen des
Friedensvertrages von
Versailles, der 1919
geschlossen wird und
Deutschland schwerste
Belastungen auferlegt
(links die deutsche
Delegation in Versailles)

1921: Der Industrielle Hugo Stinnes besichtigt mit Bekannten, darunter dem Wissenschaftler Oscar Miller und seiner Frau, das Kraftwerk Walchensee

gleichen Jahre Beitritt von *Siemens* als der größten deutschen Elektrofirma.

Die *Siemens-Rheinelbe-Schuckert-Union*, wie die Interessengemeinschaft jetzt hieß, sollte die durch Mangelerscheinungen bedrohte Rohstoffversorgung aller beteiligten Unternehmen sichern. Vorsitzende des Gemeinschaftsausschusses von 21 Personen waren mit gleichen Rechten Hugo Stinnes, Carl Friedrich von Siemens und Emil Kirdorf, der Chef der *Gelsenkirchener Bergwerks-AG* – drei Männer von Rang und Namen. Die IG verfügte über 15,8 % der Kohlenförderung in Rheinland-Westfalen und 13 % der Koksproduktion.

Schon damals Hinwendung zur neuen Energie: Beteiligung an Ölquellen, Raffinerien und Ölhandelsgesellschaften. Kauf der Tankläger der Kaiserlichen Marine. Zusammenfassung der Ölinteressen in der Holdinggesellschaft *Hugo Stinnes-Riebeck-Montan- und Ölwerk* AG und der Seeschiffahrtsinteressen in der *Hugo Stinnes AG für Seeschiffahrt und Überseehandel*. Erwerb von Schiffahrts- und Verkehrsunternehmen, von Zellstoff- und Papierfabriken, Druckereien, Verlagen und noch anderen Unternehmen, schließlich auch von Bankbeteiligungen…

Trotz »Versailles«, trotz Nachkriegselend, trotz Inflation, trotz »Ruhrkampf«, trotz großer Streiks verfügte dieser Mann sechs Jahre nach dem Krieg, 1924, über ein Imperium, das ihn zum mächtigsten Wirtschaftsführer seiner Zeit machte. Sein Name war in aller Munde. Er hatte einen gigantischen Organismus geschaffen, und dieser Organismus ergänzte sich faszinierend. Er war beteiligt an:

69 Unternehmen der Bauindustrie, 66 chemischen, Papier- und Zuckerwerken, 59 Erzbergwerken, 57 Bank- und Versicherungsgesellschaften, 56 Hütten-, Stahl- und Walzwerken, 49 Braunkohlebetrieben, 37 Ölfeldern und Petroleumfabriken, 17 gemeinnützigen Unternehmungen, 389 Handels- und Verkehrsgesellschaften, Filialen und Vertretungen, 100 Fabriken der Metallindustrie, 83 Bahnen und Reedereien und 88 sonstigen Gesellschaften; insgesamt 1664 juristisch selbständigen Betrieben mit 2890 Betriebsanlagen und Teilbetrieben gleich 4554 Betrieben…

Große Hoffnungen: Hugo Stinnes engagierte sich auch in der Seeschiffahrt und im Überseehandel. (Bilder oben und rechts unten). Der dynamische Industrielle (rechts, auf den Straßen von Berlin) hofft zu dieser Zeit, daß sein Sohn Hugo die Zukunft des weitgefächerten Unternehmens sichern wird

Große Krise: Die Inflation nach dem Ersten Weltkrieg entwertete das Geld. Millionenbeträge wurden zu Hungergroschen und Papierfetzen (links Notgeld der Inflation). Im November 1923 mußte man 1 Billion Papiermark zahlen, um dafür 1 Goldmark einwechseln zu können

Großes Elend: Die Familien der Arbeiter, die schon im Krieg verarmt waren, kamen durch die Inflation in bitterste Not. Es gab kein »soziales Netz«, das sie auffing. Wer Geld hatte, mußte es waschkörbeweise transportieren – mitunter sogar in Möbelwagen

VII

Die Tragödie 1924

EIN GROSSER MANN STIRBT VIEL ZU FRÜH

D ieser Mann wirkte durch seine Erfolge, durch seinen Führungsstil, auch durch sein Äußeres sehr streng. Als Vater war er das keineswegs. »Meine älteste Schwester Clärenore konnte ihn um den Finger wickeln«, erinnert sich Else Stinnes.

Die Familie Stinnes lebte vergleichsweise bescheiden. Das zweistöckige Haus mitten in Mülheim war so beengt, daß die Kinder immer durch das elterliche Schlafzimmer mußten, wenn sie in ihr Kinderzimmer wollten. Für seine Kinder baute Stinnes das Haus um: Es bekam einen Hinterausgang. Hugo Stinnes selber begnügte sich mit einem Büro im Nebenhaus: Da baute er nicht an …

Um die Kinder in den unruhigen Nachkriegszeiten vor den Aggressionen gegen den Namen Stinnes zu schützen, bekamen sie einen Hauslehrer. Sie verbrachten viele Wochen auf einem Holzgut der Firma in der Oberlausitz bei

Weißkollm (nahe Weißwasser), machten Sommerferien auf einem privaten Stinnes-Gut in Südschweden, kamen für ein paar Tage in die schöne Berliner Villa in der idyllischen Douglasstraße im Grunewald. Hugo Stinnes trennte Beruf und Familie: Seine Berliner »Geschäftswohnung« war eine Suite im Hotel »Esplanade« am Potsdamer Platz, das ihm gehörte. Geheime Verhandlungen, vor allem im Bereich der Politik, führte er auf einer Rheinburg, die er gekauft hatte.

»Ich hatte eine glückliche Kindheit«, sagt Else Stinnes heute. »Ich habe von der Anti-Stinnes-Stimmung jener Zeit nie etwas gemerkt.« Kann man diesem Vater ein besseres Zeugnis ausstellen?

Herz der Familie war die Mutter. Else Stinnes charakterisiert sie so: »Äußerste Zurückhaltung, eine unwahrscheinliche innere Bescheidenheit, Gerechtigkeit.«

Der schwerste Schlag für das Unternehmen: Hugo Stinnes stirbt am 10.April 1924 nach mehreren Gallenblasenoperationen. Sein Vermächtnis lautete: »Bezahlt alle Schulden! Schließt Frieden mit den Banken!« Seine Söhne Edmund (28) und Hugo (27) hielten sich nicht an den klugen Rat

Blick zurück ins Glück:
Hugo Stinnes war ein
liebevoller Familienvater.
Jeder Sonnabend war
allein für die Kinder
reserviert. Auf unserem
Bild von links nach rechts:
die Söhne Edmund und
Ernst, Mutter Cläre, die
Töchter Clärenore und
Else, Sohn Otto, Vater
Hugo Stinnes, Hugo jr.
und Tochter Hilde

Vater Hugo Stinnes setzte große Hoffnungen auf seinen Sohn Hugo, der 1897 geboren worden war. Er sollte einmal das Stinnes-Imperium übernehmen. Hugo Stinnes jr. hatte als Kind Scharlach gehabt und trat – »um nicht noch mehr Zeit zu verlieren« – schon als 14jähriger in die Firma ein. Er arbeitete unter seinem Vater, der ihn bis aufs letzte beanspruchte. Hugo Stinnes jr. eiferte dem Vater bis in Kleinigkeiten nach: Seine Unterschrift auf Stinnes-Aktien läßt sich heute nicht mehr von der des Vaters unterscheiden. »Solange mein Vater lebte, hat er das Handeln dieses Sohnes völlig dirigiert«, sagt Else Stinnes.

Doch dann kam das verhängnisvolle Jahr 1924. Die Gesundheit von Hugo Stinnes war schon seit einem körperlichen Zusammenbruch Ende 1922 – nach einer Aufsichtsratssitzung – schwer angeschlagen. Dann erlitt er »Magenattacken«, wie es die behandelnden Ärzte nannten. Schließlich wurde – in Berlin – eine Gallenblasenentzündung konstatiert. Heftige Anfälle warfen ihn nieder. Der allgemeine Zustand war bedenklich: Hugo Stinnes, der Ruhelose, mußte auf Weisung der Ärzte viel schlafen, um seinen Körper zu stärken. Am 18. März 1924 wurde ihm ein großer Gallenstein operativ entfernt. Es folgte ein Rückfall. Hugo Stinnes ahnte, daß die Ärzte sein Leiden nicht richtig erkannt hatten. »Ich bin falsch behandelt worden«, sagte er bitter zu seiner Frau. Und er empfand die Schlaftherapie als verhängnisvoll: »Ich wehre mich nicht gegen den Schlaf«, meinte er, »ich wehre mich gegen den Tod.« Eine zweite Operation wurde nötig, die Gallenblase mußte entfernt werden.

Das Unheil bahnt sich an: Adolf Hitler, »Führer« der NSDAP, 1924 während des Prozesses nach dem mißglückten Putschversuch von München. Links von Hitler sein Mitverschworener, General von Ludendorff

Else Stinnes erinnert sich an jene düsteren Tage. Sie war damals ein Mädchen von elf Jahren. »Wir Kinder waren alle nach Berlin gerufen worden. Wir wohnten in dem Haus in der Douglasstraße, das meine Tante Nora verwaltete. Ich hatte mir beim Rollerfahren gerade einen Knöchel gebrochen, mein Fuß lag in Gips. Meine Mutter nahm mich mit ins Krankenhaus. Sie war völlig verzweifelt, untröstlich. Sie wußte, daß die Ärzte den Vater falsch behandelt hatten. Sie wußte, daß der Oberarzt seinen Chef

Die Not kennt keine Grenzen: Ungezählte Familien bringen ihre letzten Wertgegenstände in die Pfandleihen (großes Bild links), Hunderttausende stehen in ganz Deutschland vor den Armenküchen stundenlang Schlange

Es geht wieder aufwärts: Im Oktober 1924 überfliegt der Zeppelin »LZ 126« zum erstenmal den Atlantik und schwebt über New York. Das nationale Selbstbewußtsein der Deutschen erhält durch diese Pionierleistung enormen Auftrieb

angefleht hatte: ›Nehmen Sie doch die Gallenblase heraus!‹ Es war nicht geschehen, und nach der zweiten Operation hatte sich eine allgemeine Sepsis eingestellt. Wir standen alle um das Krankenbett unseres Vaters herum. Er sprach noch zu den älteren. Er gab Hugo und dem ältesten Sohn Edmund in letzter Stunde sein Vermächtnis mit auf den Weg, wie sie die Firma leiten sollten.«

Am 10. April 1924 schlief Hugo Stinnes friedlich ein. 600 000 Arbeiter hatten ihren Chef verloren – und Deutschland einen großen Mann.

Carl Friedrich von Siemens schrieb zu seinem Tod: »Hugo Stinnes brauchte mir gegenüber einmal das Bild: In Deutschland sind die einzelnen Industrie- und Wirtschaftszweige hoch entwickelt, aber sie liefen nebeneinander her, von hohen chinesischen Mauern getrennt; erst im Endresultat vereinigten sie sich. Er glaubte, daß viel mehr zu erzielen sein würde, wenn die Verbindungen schon früher hergestellt würden, wenn sie schon im Vorbereitungsstadium sich auf die gegenseitigen Bedürfnisse einstellten; und diese Verbindungsbrücken zu schlagen, das hätte er sich als seine Hauptaufgabe gestellt.

Diese Auffassung von Hugo Stinnes, daß das Leben sich nur dann weiterentwickeln kann, wenn das ganze Trachten der Menschen auf Fortschritt eingestellt ist, hat mich in erster Linie dazu bestimmt, eine engere Verbindung herzustellen zwischen unserem Hause und denjenigen, deren geistige Spitze er war ...«

Einäscherung im Krematorium Wilmersdorf. Trauerfeier in der Villa in der Douglasstraße ... Heute ruht die Urne des Hugo Stinnes in einem Mausoleum im Uhlenhorst in Mülheim.

Wieder war ein Stinnes viel zu früh gestorben. Wie sollte es weitergehen?

Hugo Stinnes hatte zwar sein »Haus« nicht bestellen können – dafür war die Zeit zu kurz. Aber er hatte seinen Söhnen klare Anweisungen gegeben. Wir kennen sie aus Erzählungen des Essener Notars Ewald Leveloh, des langjährigen Justitiars von Hugo Stinnes. Leveloh, ein intimer Kenner der Geschichte des Ruhrgebiets, berichtete dem heutigen Vorstandsmitglied der *Stinnes* AG, Rechtsanwalt Franz Josef Hegemann (seit 1952 Justitiar bei Stinnes):

»Bevor der Alte nach Berlin zur Operation gefahren ist, hat er seinen Söhnen die ganz strikte Anweisung gegeben: Wenn mir etwas passiert, dann müssen sofort die Bankbeteiligungen abgestoßen und das übrige konsolidiert werden. Stinnes wußte, daß sein Bankengagement die anderen Banken, besonders die Großbanken, auf das schwerste verärgert hatte. Er hatte sich gesagt: Ich kann mir das erlauben, meine Söhne aber nicht. An mich gehen die Banken nicht ran – bei meinen Kindern habe ich Sorge.«

Frieden mit den Banken – und keine neuen Firmen kaufen: Das war das Vermächtnis von Hugo Stinnes, das Credo seiner durchdringenden wirtschaftlichen und psychologischen Erfahrungen.

Noch auf dem Sterbebett, das ist gesichert, hat Hugo Stinnes seine Söhne beschworen: »Bitte denkt daran: Was für mich ein Kredit ist, sind für euch Schulden. Eure wichtigste Aufgabe ist: Schulden bezahlen, Schulden bezahlen und noch einmal Schulden bezahlen!«

Eine Epoche ist zu Ende: Bilder von der Einäscherung und Beerdigung des Hugo Stinnes in Berlin (siehe beide Bilder unten). Selbst nach seinem Tod beschäftigt der große Unternehmer noch die Karikaturisten im »Simplicissimus« (oben). Die Bildunterschrift für die satirische Himmelsszene lautete: »Stinnes kommt. Jetzt heißt's aufpassen, Kinder. Sonst gehört ihm in vierzehn Tagen der ganze Betrieb«

VIII

Der große Einschnitt

AMERIKA ALS LETZTE RETTUNG

Der designierte Nachfolger, Hugo Stinnes jr., war besessen von dem Willen, seinen Vater nachzuahmen: auch was die Risiken betraf. Hegemann: »Der Vater beherrschte die Risiken, der Sohn leider nicht.« Der älteste Sohn, Edmund, hatte ebenfalls nicht das Format des Vaters. Es entstand ein unsinniger Wettstreit zwischen Edmund und Hugo Stinnes jr. Die beiden waren eher Konkurrenten als Brüder. »Wenn der eine eine Firma kaufte, kaufte der andere zwei.« Ewald Leveloh warnte immer wieder, pochte auf das kluge Vermächtnis des alten Stinnes – doch er redete in den Wind und ging schließlich im Streit, der das Unternehmen unendlich teuer zu stehen kam.

Der menschlich-psychologisch verständliche Versuch von Hugo Stinnes jr., den Vater zu kopieren, wurde wirtschaftlich zum Vabanquespiel und steuerte mit unheilvoller Schnelligkeit in die Katastrophe.

In der kurzen Zeit vom 10. April 1924 bis zum Juni 1925 stiegen die Stinnes-Schulden von rund 80 Millionen Mark auf 176 Millionen. Bei geschätzten Vermögenswerten von rund 1 Milliarde Mark waren erhebliche Sicherheiten gegeben. Doch die Geschäftspraktiken des Hugo Stinnes jr. erschienen den Banken als zu gewagt. Im übrigen mißfiel den Banken nach wie vor, daß Stinnes mit Beteiligungen in die Domäne ihres Geschäftes eingedrungen war.

Im Juni 1925 platzte durch ein Versehen in England ein Wechsel. Das Vertrauen war gestört. Nun hatten alle Banken das Recht, sämtliche Kredite fällig zu stellen. Jetzt rächte sich, daß die Söhne entgegen dem väterlichen Rat an den Bankbeteiligungen festgehalten hatten. Die Banken präsentierten ihre Forderungen. Stinnes war illiquide. Was dann geschah, schildert die Festschrift »100 Jahre Deutsche Bank 1870–1970« aus kühler Distanz:

Eine tragische Figur: Hugo Stinnes jr. besaß nicht die Meisterschaft seines Vaters im wirtschaftlichen und finanziellen Wechselspiel. Gegen Rat und Testament des Vaters expandierte er weiter. Schon nach gut einem Jahr entzogen die Banken ihm das Vertrauen – es blieb nur der verzweifelte Sprung nach Amerika

den, die Familie Stinnes hatte auch die Chance, sich ihren Kohlenbesitz zu erhalten. Die Reichsbank stellte den Banken ein besonderes Rediskontkontingent zur Verfügung; auch die Deutsche Golddiskontbank gab Hilfestellung. Hjalmar Schacht hat die außergewöhnliche Bereitschaft der Reichsbank gerade gegenüber einem so leichtfertig weitergeführten Konzern einmal verteidigt: ›Und da es sich nicht etwa um schlechte Unternehmungen an sich handelte, sondern im wesentlichen um eine verkehrte Finanzierungsmethode, indem man kurzfristige Kredite zu langfristigen Investitionen verwendet hatte, so entschloß sich die Reichsbank kurzerhand, sowohl geldlich wie materiell, zu einer Stützungsaktion.‹ Das Aufgebot von Banken läßt ahnen, welche Bedrohung von dem Stinnes-Zusammenbruch ausging, gemessen an dem Minderheits- und Mehrheitsaktienbesitz von Stinnes' an ersten deutschen Unternehmen.«

Aber trotz des Zusammenbruches verlor kein Gläubiger auch nur einen Pfennig. Nicht einmal ein Vergleichsverfahren wurde eröffnet. Diese Tatsache ist heute schon fast aus dem Gedächtnis der Öffentlichkeit entschwunden.

Weiter heißt es in der Festschrift der Deutschen Bank:

»Ende 1925 wurde das Garantiekonsortium aufgelöst. An seine Stelle trat ein neues Konsortium, das nur noch aus den vier D-Banken gebildet war, jedes Institut mit der gleichen Quote. Im Laufe von 1925 hatten sich größere Aktienpakete aus der Stinnesmasse relativ schnell verkaufen lassen; im Laufe von 1926 standen nur noch Objekte zur Verfügung, für die Käufer

»Zwei Bankenkonsortien mußten gebildet werden: Ein Stillhaltekonsortium, an dem die Seehandlung (Preußische Staatsbank) und 21 Banken beteiligt waren; es wickelte die von den Banken gewährten Kredite ab. Und ein Garantiekonsortium, an dem außer der Seehandlung 23 Banken beteiligt waren: es verbürgte und löste die von Stinnes bei dritten Stellen beschafften Kredite soweit als möglich ab. Das Gesamtengagement zur Zeit der Zahlungsunfähigkeit betrug 176 Mill. Reichsmark; Sicherheiten konnten, bei vorsichtiger Bemessung, für 191 Mill. Reichsmark geleistet werden. Bei ruhiger Veräußerung der Randwerte des Konzerns bestand nicht nur Aussicht auf Tilgung aller Schul-

that this position at the conclusion of these negotiations shall be filled ny Mr. Barrett.

13.   The undersigned will also enter into a separate agreement with you providing for the election of the directors of the Holding Corporation, so long as any Debentures or Notes shall be outstanding, in such a manner as shall carry out the spirit of the original contract in regard to the representation. It is understood that on the original board there shall be elected Mr. C.B.St Schaffner, Mr. P.H.Saunders and another of your cho

14.   All references in the Agreement to the Class A a shares and the sinking fund for retirement of shar eliminated from the Contract.

15.   It is further agreed that you shall be entitle tative or representatives, to be mutually agreed of each of the subsidiary companies.

16.   The securities to be sold to you shall consist of the 1,000,000 common shares without par value of the Hugo Stinnes Corporation, $12,500,000 principal amount of the Debentures and $12,500,000 principal amount of the Notes, at the price of $22,500,000 plus accrued interest on the Debentures and Notes.

If the terms of the foregoing offer are satisfactory to you kindly indicate your acceptance thereof on the enclosed duplicate.

Very truly yours,

Accepted:

Letzte Rettung: 1926 handelt Hugo Stinnes jr. mit amerikanischen Banken einen Anleihe-vertrag über 25 Millionen Dollar aus – erst drei Jahr-zehnte später konnten die schwerwiegenden Folgen korrigiert werden

Humor ist, wenn man trotzdem lacht: Oskar Karlweis, Heinz Rühmann und Willy Fritsch spielen 1930 drei junge Arbeitslose, die sich nicht unterkriegen lassen – in »Die Drei von der Tankstelle«, einem der flottesten und besten Musikfilme des jungen deutschen Tonfilms

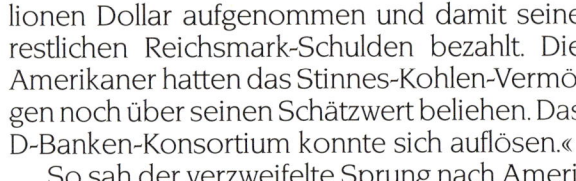

Not kennt kein Gebot: Streikposten vor dem Berliner AEG-Werk Brunnenstraße beim Metallarbeiterstreik vom Oktober 1930. Zur gleichen Zeit preisen sich arbeitslose Familienväter auf den Straßen an (großes Bild rechts). Doch es gibt auch Glanzlichter in düsterer Zeit: Der Stromlinien-Mercedes mit Manfred von Brauchitsch zieht auf der Berliner Avus am »Alfa« von Rudolf Caracciola vorbei (22.5.32)

schwieriger zu finden waren. Für die Banken bestand kein Anlaß, die Abwicklung hinauszuschieben, zumal sie auf jegliche Provision verzichtet hatten; aber außer dem Kohlenbesitz waren in der Hauptsache noch Hotels, Zeitungen, Forsten u. ä. verblieben. Die unkonsolidierte Schuldenlast betrug im Herbst 1926 etwa 80 Mill. Reichsmark, sie war durch Vermögenswerte von etwa 100 Mill. Reichsmark abgesichert. Da überraschte Hugo Stinnes jr. mit einem Akt der Selbsthilfe. Er hatte verbliebenes Vermögen (insbesondere die Gewerkschaft Mathias Stinnes und den Mülheimer Bergwerksverein) in zwei amerikanische Gesellschaften eingebracht und zwei Anleihen von zusammen 25 Mil-

lionen Dollar aufgenommen und damit seine restlichen Reichsmark-Schulden bezahlt. Die Amerikaner hatten das Stinnes-Kohlen-Vermögen noch über seinen Schätzwert beliehen. Das D-Banken-Konsortium konnte sich auflösen.«

So sah der verzweifelte Sprung nach Amerika im Detail aus: Hugo Stinnes jr. brachte das Konzernvermögen direkt oder indirekt in die neu gegründete *Hugo Stinnes Corporation* in New York ein, die von amerikanischen Banken einen Kredit von 25 Millionen Dollar (= ca. 100 Millionen Reichsmark) erhielt. Als Provision bekamen die amerikanischen Banken 50% der Aktien der *Hugo Stinnes Corporation* – sie steckten also den halben Konzern ein.

Zwei Welten im Kontrast: Kurz vor seinem 13. Geburtstag konzertiert Wunderkind Yehudi Menuhin am 12.4.1929 in Berlin. »Es war der Beginn meiner Laufbahn als Geiger.« Vier Jahre später, am 21.3.33 feiert Hitler den »Tag von Potsdam« mit Hindenburg

Schlaglichter von 1936:
Deutsche Truppen
besetzen das Rheinland,
Carl von Ossietzky wird
rückwirkend der Friedens-
nobelpreis 1935 verliehen.

Die jähe Tragödie hatte einen geradezu klassischen Titel. Franz Josef Hegemann formuliert ihn: »Wenn die große Stunde auf kleine Leute trifft...« Hugo Stinnes war ein fleißiger, bescheidener Mann – doch er war einfach zu jung, zu unerfahren, zu früh gefordert.

Franz Josef Hegemann schildert das, was sich in Amerika unter dem Namen Stinnes abspielte, so: »Die Corporation war eine Holding, die nur geschaffen wurde, damit die amerikanischen Banken einen amerikanischen Schuldner hatten. Da saßen in New York wenige Leute in vier, fünf Zimmern, kein Mensch hatte den Ehrgeiz, unternehmerisch tätig zu werden. Die Gelder, die aus Deutschland kamen, wurden an die Banken weitergegeben, die Banken gaben Schuldscheine aus, über die Banken wurden die Schuldscheine bedient. Die Zentrale in Amerika war eine reine Geld-Durchleitungsstelle.«

Als Amerika 1941 in den Krieg eintrat, wurde der auf 56% aufgestockte Familienbesitz vom »Feindvermögenstreuhänder« beschlagnahmt.

Triumph und
Katastrophe: Max
Schmeling schlägt am
19.6.1936 in New York den
»Braunen Bomber« Joe
Louis in der 12. Runde k. o.
(Bild oben). Die Nation
jubelt... Am 6.5.1937
explodiert das deutsche
Luftschiff »Hindenburg«
am Landemast von Lake-
hurst bei New York. Das
Zeitalter der Zeppeline ist
damit abrupt beendet, ein
Symbol neuer deutscher
Weltgeltung zerstört. Die
Nation trauert...

Flucht in die Phantasie:
1943 lachen die Deutschen
im Kino über ihr Idol
Hans Albers als »Münch-
hausen«, der sogar auf
Kanonenkugeln reiten
kann. Ein heiteres
Gegenbild zur düsteren
Wirklichkeit: Massenbom-
bardements vernichten
Hamburg…

Anfang und Ende: Am
1.September 1939 reißen
deutsche Soldaten die
polnischen Schlagbäume
nieder, der Zweite Welt-
krieg beginnt. Am 13. und
14.Februar 1945 sinkt
Dresden in Schutt und
Asche – und die »Großen
Drei« entscheiden in Jalta
und Potsdam 1945 über
das Schicksal Deutsch-
lands (Bild unten). Links:
Churchill, Roosevelt,
Stalin. Rechts: Churchill,
Truman, Stalin

IX

Die Stunde Null

EIN NEUER MANN BRINGT NEUE KRAFT

Es ist das faszinierende an der Stinnes-Geschichte, daß sie – trotz allem – an diesem Punkt nicht zu Ende geht. Die Kraft von unternehmerischen Ideen und großen Persönlichkeiten sollte dem Namen »Stinnes« zu neuem Glanz verhelfen. Das »Comeback« aus Amerika wurde zu einer Schlüsselgeschichte der Nachkriegszeit, des deutschen Wiederaufbaus, des deutschen »Wirtschaftswunders«. Es ist eine Geschichte, in deren Mittelpunkt vor allem ein Mann steht: Dr. Heinz P. Kemper aus Solingen, Jahrgang 1903, heute Ehrenvorsitzender des Aufsichtsrates der *Stinnes* AG.

Der studierte Maschinenbauer mit ausgeprägten Interessen für Finanzen brachte ideale Voraussetzungen mit, Stinnes aus den amerikanischen Bindungen zu lösen und nach Deutschland zurückzuführen. Dr. Heinz P. Kemper war schon als 26jähriger, Ende der zwanziger Jahre,

in die USA gekommen, um bei einer der führenden Maschinenbaufirmen der Welt, der *Chicago Pneumatic Tool Company*, amerikanische Fabrikations-, Verkaufs- und Organisationsmethoden kennenzulernen. Er durfte nebenbei an der Yale-University Vorlesungen hören, er durfte andere amerikanische Firmen studieren. Selbstverständlich sprach er bald perfekt amerikanisches Englisch. 1931, als er erst 28 Jahre alt war, kam er nach Deutschland zurück, um für eine 98-Prozent-Tochter der *Chicago Pneumatic Tool*, die *Preßluft-, Werkzeug- und Maschinenbau Aktiengesellschaft* in Berlin, kurz *Premag* genannt, den deutschen Verkauf ins Ausland zu leiten. Hier lernte er die andere Seite deutsch-amerikanischer Wirtschaftsbeziehungen intensiv kennen, und es war bedeutungsvoll, daß er ab 1932 die spezielle Situation der Ruhr – in schwierigsten Zeiten – vor Ort erlebte: Durch seine Verkaufserfolge verdiente er mit Provisio-

Bilder ohne Hoffnung:
Versenkte Schiffe,
gesprengte Brücken,
zerstörte Hafenanlagen,
gesperrte Flüsse – das war
die Situation der
deutschen Binnenschiff-
fahrt 1945. Doch die
ausgemergelten Ruhr-
schiffer packten mit dem
Mut der Verzweiflung den
Wiederaufbau an

nen schon 1935 mehr als die drei Vorstandsmitglieder der *Premag* in Berlin zusammen... Anfang 1939 wurde er als Vorstandsvorsitzender der *Premag* wieder nach Berlin berufen.

Der Zweite Weltkrieg brach aus, die *Premag* wurde wegen ihres ausländischen Kapitals unter Treuhänderschaft der deutschen Regierung gestellt, »und der Treuhänder hatte natürlich kein Interesse daran, einen Heinz Kemper, der als Mann der Amerikaner galt, mit der Geschäftsführung zu betrauen«. Kemper überdauerte den Krieg als Leiter von Verkauf und Konstruktion. Und er war – aus innerer Überzeugung – einer der wenigen jungen Wirtschaftsführer jener Zeit, die nicht »Parteimitglied« in Hitlers NSDAP wurden.

All das qualifizierte ihn nach Kriegsende für eine besondere Rolle: sein Können, seine Jugend, seine Kenntnis Amerikas, seine politisch weiße Weste.

Dr. Heinz P. Kemper wohnte 1945, nach der Eroberung der Reichshauptstadt Berlin durch die Rote Armee, im sowjetischen Sektor. Russische Experten hatten eine fatale Idee: Kemper sollte die unbeschädigte *Premag* sofort komplett in die UdSSR überführen und dort die Druckluftindustrie nach deutschem Vorbild aufbauen. Kempers Antwort: »Einen Deubel werd' ich tun.«

Solch eine Weigerung war damals lebensgefährlich. Doch Kemper hatte Glück: Im Juni 1945 bezogen die westlichen Alliierten ihre Sektoren in Berlin, und schon im Juli hatten die Amerikaner Kemper ausfindig gemacht: Solch einen Mann suchten sie. Ihn wollten sie für ihre Pläne gewinnen.

Von der Stunde Null zum Start des Wirtschaftswunders: Aus den Ruinen von 1945 wächst durch die Währungsreform von 1948 ein neuer Aufschwung (Bild unten)

Im Brennpunkt der Politik: Die »Luftbrücke« von 1948 rettet West-Berlin (oben), Robert J. Oppenheimer, der »Vater der Atombombe«, warnt 1953 vor dem atomaren Wettrüsten der beiden Supermächte: »Sie gleichen zwei giftigen Skorpionen in einer Flasche.«

Die Amerikaner holten Kemper mit Frau und Tochter in ihren Sektor, brachten ihn in einer Wohnung im Villenviertel Dahlem unter und machten ihn zum »Treuhänder«: speziell für die Vermögenswerte der *Premag* im amerikanischen und britischen Sektor, allgemein für das während der Nazizeit beschlagnahmte alliierte und deutsche Vermögen. Sein Titel: »Chief Custodian of allied and confiscated NSDAP property.« Dazu gehörte »eine Unmenge Zeug«, beispielsweise der gesamte Grundbesitz von Firmen und Einzelpersonen, die vor den Nazis nach den USA ausgewichen waren.

»Als Treuhänder mußte ich mich mit allem möglichen befassen: vom Fleischereiladen bis zur Hausverwaltung, vom Autobetrieb bis zur Maschinenfabrik.« Er regierte unter kompliziertesten Umständen eine eigene Art von »Gemischtwarenladen« – auch das sollte eine ideale Vorbereitung für eine Zukunft bei Stinnes sein.

Diese Zukunft begann am 44. Geburtstag von Dr. Heinz P. Kemper, am 20. Oktober 1947. Kemper erzählt: »An diesem Tag wurde ich zu General Lucius D. Clay gerufen, dem amerikanischen Stadtkommandanten in Berlin. Das Tref-

Konrad Adenauer stellt 1949 in Bonn sein erstes Kabinett vor (unten)

94

fen fand im US-Hauptquartier in Dahlem statt. Ein Vertreter des amerikanischen Justizministeriums war dabei. Mein erster Eindruck von General Clay war: ein Top-Manager in Uniform, ein überaus deutschfreundlicher Mann – die Amerikaner hatten die feste Absicht, zumindest im amerikanischen Teil des besetzten Deutschlands so schnell wie möglich Ordnung zu schaffen. Wer keine NSDAP-Vergangenheit hatte, bekam schnell eine Chance, wieder aktiv zu werden.«

Die Szene fand in einem normalen Dienstzimmer statt: Schreibtisch, eine amerikanische Fahne dahinter. »Aber es hatte alles keinen starren militärischen Stil, wie ich ihn von deutscher Seite gewöhnt war – ich fühlte mich hier fast wie in der Verwaltung eines amerikanischen Großkonzerns.«

General Clay sagte zu Kemper: »Hier ist eine Anfrage für eine große Aufgabe im Westen Deutschlands. Wir möchten Sie unserem Generalstaatsanwalt in Washington vorschlagen, der dafür zuständig ist. Meine Leute haben mir gesagt, daß Sie der richtige Mann sind. Wir kennen Ihre Akten genau. Und wir wissen, daß Sie sich als Treuhänder bewährt haben. Kennen Sie Stinnes?«

»Natürlich. Ich stamme aus dem Rheinland.«

»Dann erzählen Sie mal ein bißchen über Stinnes…«

Kemper tat das. Clay drückte ihm ein Aktenstück in die Hand und meinte: »Lesen Sie das mal zu Hause durch.« Er stellte ihm einen Vertreter der *Hugo Stinnes Corporation* in Amerika, einen Anwalt, vor. Der erklärte: »Wir wissen niemanden im Rhein-Ruhr-Gebiet, der für diese Aufgabe so prädestiniert ist wie Sie. Die Familie Stinnes hat uns während des Krieges betrogen, hat ihre Schulden nicht bezahlt. Hätte Deutschland den Krieg gewonnen – woran Hugo Stinnes jr. wohl fest geglaubt hat –, dann hätten wir keinen Cent erhalten. Stinnes schuldet uns inzwischen 100 Millionen Mark. Sie sollen für uns Stinnes in Deutschland erhalten – und Sie sollen zusehen, daß die Schulden bezahlt werden. Darum sind Sie jetzt unser Mann.«

Mit drei Wagen seiner Berliner US-Dienststelle fuhr Dr. Heinz P. Kemper nach Mülheim: zu Stinnes.

»Die Stadt war stark zerstört – doch es war alles schon weitgehend aufgeräumt. Hugo Stinnes jr. führte die Geschäfte hier in Mülheim. Er saß in seinem alten, kleinen Büro im Zentrum der Stadt. Ich zeigte ihm meine Vollmacht. Und teilte ihm mit, daß er am nächsten Tag aus der Geschäftsleitung entlassen würde.«

Hugo Stinnes jr. erstarrte. Doch dann sagte er ruhig: »Ich weiß, Sie können nichts dafür. Gott sei Dank ist es wenigstens ein Deutscher, der jetzt hierhin kommt. Was werden Sie tun?«

»Natürlich alles erhalten!« antwortete Kemper.

»Dann sind Sie mein Mann.«

»Aber ich darf nicht Ihr Mann sein.«

»Schön. Dann werde ich eine eigene Firma aufmachen…«

Hugo Stinnes jr. sollte diese Firma *Hugo Stinnes persönlich* nennen. Er erklärte: »Die Firma wird sich auf allen Gebieten betätigen, auf denen ich mich bisher betätigt habe…«

Kemper: »Keine Frage – er war ein dynamischer Mann.«

Im Sturm der Kritik: Hildegard Knef dreht 1951 unter der Regie von Willi Forst »Die Sünderin« und wird wegen einer Nacktszene zum Skandalfall. Sie geht noch im gleichen Jahr nach Hollywood

Im Zwang der Sowjetmacht: KP-Führer Wilhelm Pieck und SPD-Spitzenfunktionär Otto Grotewohl vereinigen ihre Parteien in der sowjetischen Besatzungszone zur »SED« und gründen am 7.10.1949 die DDR. Pieck wird Staatspräsident, Grotewohl Ministerpräsident

Ein Mann mit großen Verdiensten: Dr. Friedrich Wilhelm Meyer, über viele Jahre bei Stinnes und von 1948-56 mit Kemper Geschäftsführer der Hugo Stinnes GmbH

Die Aufgabe, die Dr. Heinz P. Kemper vorfand, war denkbar schwierig. Denn der »Gemischtwarenladen« Stinnes unterstand in Teilen amerikanischer, in Teilen britischer, in weiterer französischer Kontrolle. Besonders die Briten lehnten den neuen Mann ab, einfach weil er Deutscher war. Kemper mußte sich auf vielen Reisen durch ein Gewirr bedrückender Zuständigkeiten und verschiedenster Treuhänder für die einzelnen Stinnes-Firmen schlagen.

»Es war für uns außerordentlich wichtig, so schnell wie möglich aus dieser alliierten Kontrolle herauszukommen. Wir konnten als Konzernführung gar nicht wirksam werden, wenn wir überall erst antichambrieren mußten und zur nächsten Stelle weiterverwiesen wurden. Die einzelnen Treuhänder, die von den Alliierten eingesetzt waren, führten ein herrliches Leben und hatten keineswegs den Wunsch, sich plötzlich einer Kommandostelle in Mülheim unterzuordnen – oder sich gar ablösen zu lassen. Die sahen in der Treuhänderschaft eine große Chance für ihr zukünftiges wirtschaftliches Leben.«

Die Bergwerke, die chemischen Betriebe der *Ruhröl GmbH*, die *Glaswerke Ruhr* lagen noch bei den *Steinkohlenbergwerken Mathias Stinnes*. Kemper: »Die Verwaltung lag abseits von Mülheim, und ich konnte dort nur wirksam werden über die Leute von Mathias Stinnes. Es handelte sich glücklicherweise um sehr vernünftige und ordentliche Männer, die sich von einem Grundsatz leiten ließen: Laßt uns das Beste aus der Situation machen.«

»Der Berliner«, wie man Kemper bisweilen mit negativem Unterton nannte, der für die da-

maligen Verhältnisse an Rhein und Ruhr auch noch viel zu jung war, hatte ein zentrales Problem: Geld. »Es war einfach nichts da, womit man etwas hätte anfangen können. Ich lief von Bank zu Bank, um Geld für die Firma aufzutreiben. Ich selber hatte in den ersten Monaten gar keine Bezüge, weil einfach kein Geld da war.«

»Die erste entscheidende Kontrolle« bekam er über die *Glaswerke Ruhr*. »Ich konnte die Amerikaner davon überzeugen, daß es notwendig war, die Glaswerke wieder aufzumachen. Überall brauchte man Glas, Geschirr, alles, was dazu gehört. Ich bekam dann einen Kredit, der es mir ermöglichte, eine funkelnagelneue maschinentechnische Einrichtung für Ruhrglas in Amerika zu kaufen.«

Die ertragreichsten Branchen für Stinnes waren damals: Kohle, Energie (Strom), Glas, Futtermittel. Trotz der Vermögenskontrolle, trotz notorischem Geldmangel, trotz der enormen Zerstreuung des Unternehmens ging der Aufbau von Stinnes mit erstaunlichen Gewinnspannen schnell voran. »Schon 1951 hatten wir das Gefühl: Wir haben es geschafft! Denn da konnten wir zum erstenmal eine positive Gewinn-und-Verlust-Rechnung vorlegen.«

Das war um so erstaunlicher, als Stinnes vom Würgegriff alliierter »Entflechtung« bedroht wurde. Die Durchführungsverordnung Nr. 12 auf Grund des Militärregierungsgesetzes 27 ordnete den Verkauf und die Liquidation einer ganzen Reihe von Firmen an. Kemper: »Die Vielzahl der Gesellschaften veranlaßte die Alliierten, auf einer Entflechtung zu bestehen. An der objektiven Größe von Stinnes gemessen, bestand gar kein Anlaß zu einer Entflechtung. Dafür waren wir – gemessen an den wirklich Großen – viel zu klein. Was hatten wir denn? Wir hatten die Steinkohlenbergwerke von Mathias Stinnes mit einer Förderung von 4 Millionen Tonnen, für amerikanische Verhältnisse überhaupt nichts! Die Seeschiffahrt war verlorengegangen, die Rheinschiffahrt versenkt, die chemischen Betriebe steckten erst in den Anfängen. Wir gehörten eigentlich gar nicht in die illustre Gesellschaft der De-Kartellisation. Aber ich mußte einen Entflechtungsplan vorlegen. Dabei haben wir uns von Anfang an gedacht: Daran wollen wir uns sowenig wie möglich halten... Immer mit der Ruhe! Glücklicherweise waren auch keine Käufer da, um etwas wertgerecht zu bezahlen. Wenn Sie sich den Entflechtungsplan, was wir alles veräußern sollten, ansehen und mit dem vergleichen, was Stinnes heute hat, werden Sie erkennen: Wir haben sehr viel retten können.«

Schon 1949 hatte man bei Stinnes das Gefühl gehabt, daß die Entlassung aus der Vermögenskontrolle »nur eine Frage der Zeit« sei, »und wir haben uns schon damals relativ frei gefühlt«.

1951 fiel die Vermögenskontrolle – und Stinnes konnte seine Stärken ausspielen.

Franz Josef Hegemann, der 1952 zu Stinnes kam, sagte: »Das Besondere an Stinnes schon in den fünfziger Jahren war, daß man hier immer sehr liberal war, auf Selbständigkeit der einzelnen Mitarbeiter Wert legte. Die Konzernführung

durch Herrn Dr. Kemper lief darauf hinaus, daß er sich gute Leute aussuchte und ihnen viel, viel Freiheit ließ.«

War das der amerikanische Stil, den Kemper bei Stinnes einbrachte?

»Das war eher ein Berliner Erbe«, meint Dr. Heinz P. Kemper. »Ich erinnere mich noch sehr gut an Professor Schlesinger von der Technischen Hochschule in Charlottenburg. Von ihm stammt der berühmte Satz: ›Wenn ihr Techniker nicht lernt, kaufmännisch zu denken, werdet ihr das Kamel sein, auf dem der Kaufmann durch die Wüste reitet.‹ Selbständigkeit – das war es. Ich hatte auch gelernt, daß der amerikanische Stil von Kontrolle zu streng war, einfach überspitzt. Wenn ich einen Mann beauftrage, irgendwo in Arkansas oder Texas ein Geschäft zu führen, dann darf ich ihm nicht aus Chicago einen Kontrolleur hinschicken. Dann muß ich das Vertrauen haben, daß er vor Ort die richtigen Entscheidungen trifft. Daraus habe ich bei Stinnes die Regel entwickelt: Ich suche mir meine Mitarbeiter aus – und die sollen sich dann ihrerseits die Leute ihres Vertrauens suchen. Für die müssen sie dann auch geradestehen – genau wie ich für meine personellen Entscheidungen. Das System funktionierte. Es war einfach eine Freude, hier zu arbeiten. Alle setzten sich voller Begeisterung ein.«

1955 war Stinnes auch international wieder kreditwürdig.

Teures Wertpapier: Die von der Hugo Stinnes Corporation und ihrer Tochtergesellschaft Hugo Stinnes Industries Inc. 1926 aufgenommenen Kredite von je 12,5 Millionen Dollar (im Bild deren Anteilschein) fielen nicht unter das Londoner Schuldenabkommen von 1953 und mußten mit Zins und Zinseszins zurückgezahlt werden – ein Vorgang, der die höchste internationale Politik in Bewegung setzte

X

Signal der Hoffnung

ADENAUER UND DIE »HEIMKEHR« VON STINNES

Ein Dokument von historischer Bedeutung für die Zukunft von Stinnes: ein mehrfach vergrößertes Blatt aus dem Taschenkalender von Dr. Heinz P. Kemper 1957. Es ist ihm gerade in Washington gelungen, den Ausverkauf des Unternehmens an Ausländer zu verhindern. Die Eintragung lautete: »H. St. deutsch!« – Hugo Stinnes deutsch…

Es blieb ein elementares Problem: die Rückführung des Konzerns von Amerika nach Deutschland. Kemper: »Ich war nun acht Jahre bei Stinnes. Da erklärte der Attorney General in Washington: ›Es ist Zeit, die beschlagnahmten Vermögenswerte wieder in die freie Wirtschaft zu geben. Es ist nicht Aufgabe des US-Justizministeriums, auf Dauer Industrie zu führen. Was verstehe ich schon davon, wie Sie in Deutschland Stinnes führen! Sie kommen zweimal im Jahr herüber nach Washington, liefern mir eine Gewinn-und-Verlust-Rechnung ab, an der ich Freude habe – aber das ist auch alles.‹«

Im Klartext hieß das: Stinnes drohte 1956 der Ausverkauf an Ausländer. Denn der amerikanische »Feindvermögenstreuhänder« sollte seine Mehrheit von 56% an der *Hugo Stinnes Corporation* versteigern – und Deutsche durften dabei nicht mitbieten.

Das war der Punkt, um den es nun Kemper ging: Wie konnte er erreichen, daß diese Beschränkung für deutsche Bieter fiel? Daß Deutsche mitbieten konnten?

Es war, für die junge Bundesrepublik, im Grunde ein nationales Problem, eine Frage endgültiger wirtschaftlicher Emanzipation.

Dr. Heinz P. Kemper erzählte: »Ich hatte das Glück, Staatssekretär Otto Lenz aus Berlin zu kennen. Lenz verschaffte mir die Möglichkeit, im April 1957 Bundeskanzler Adenauer zu sprechen, ihm unser Problem vorzutragen. Ich traf Adenauer in Bonn, im Bundeskanzleramt. Sein alter Vertrauter, der Bankier Robert Pferdmenges, war mit dabei. Adenauer fragte mich ganz einfach: ›Na, wat wollense denn?‹ Ich nannte das Problem. Adenauer meinte: ›Davon versteh ich nix!‹ Aber ich spürte, wie diese überragende Persönlichkeit sehr wohl wußte, worum es ging. Adenauer hatte ja noch mit dem

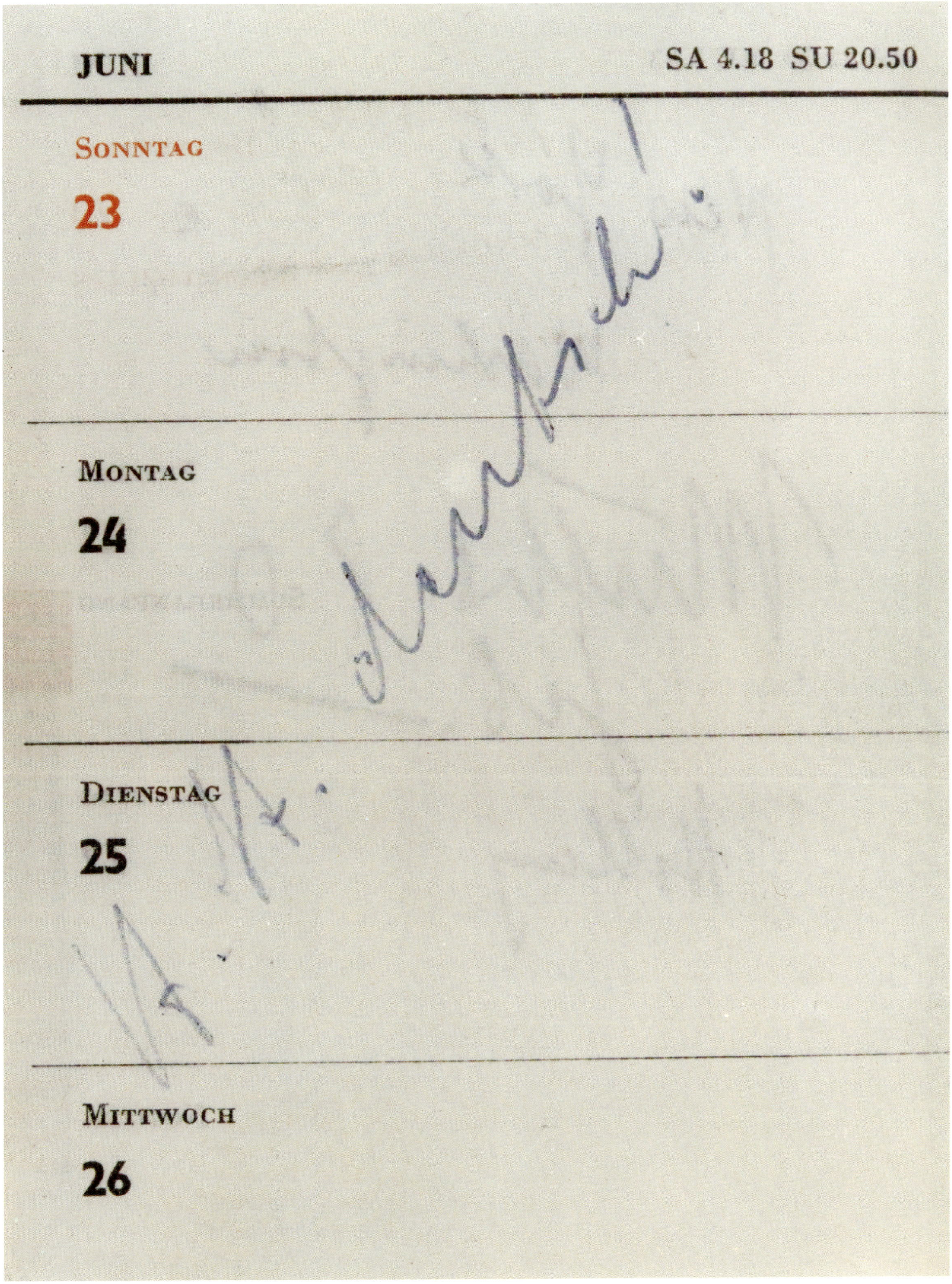

JUNI   SA 4.18 SU 20.50

SONNTAG

23

MONTAG

24

DIENSTAG

25

MITTWOCH

26

Sie stellten die Weichen
für die Rettung von
Stinnes: Bundeskanzler
Adenauer, Bankier
Pferdmenges (oben) und
der amerikanische
Präsident Eisenhower
(unten)

alten Hugo Stinnes zu tun gehabt. Jede von Adenauers kurzen Zwischenfragen hatte es in sich. Und dann sagte er klipp und klar: ›Also, ich soll mit Präsident Eisenhower reden, daß hier ein Unternehmen ist, das von Deutschen wiederaufgebaut worden ist, das im wesentlichen in Deutschland liegt. Darum sollen die Deutschen die Erlaubnis bekommen, mitzubieten.‹ Genau das war es.«

Einige Wochen später ließ Adenauer Dr. Heinz P. Kemper wieder nach Bonn kommen: »Ich hab mit dem Eisenhower gesprochen, wir dürfen bieten...« Wir! Adenauer hatte die nationale Bedeutung des Falles sofort erkannt, er identifizierte sich damit. Kemper flog nach Washington, sprach mit dem »Attorney General«, der ihm bestätigte: Stinnes durfte mitbieten. Aber nur unter der Bedingung, daß alle OEEC- Interessenten mitbieten durften. OEEC – das war die »Organization for European Economic Cooperation«. Das bedeutete: Ganz Europa, die potentesten Firmen durften sich an dieser Konkurrenz beteiligen. Ein Ausverkauf drohte. Kemper: »Und wir hatten doch kein Geld!«

Kemper unterrichtete Adenauer. Er sprach auch über das finanzielle Problem. Der Bundeskanzler meinte zu Pferdmenges: »Geh'm wir dem doch dat Jeld! Wat macht dat dann?« Kemper erklärte, daß es sich um einen Finanzbedarf von rund 100 Millionen Mark handelte. »Dat schaffen wir schon«, sagte Adenauer. Wir...

Der Bundeskanzler schaltete Bundeswirtschaftsminister Professor Ludwig Erhard ein, er gab Kemper beste Empfehlungen an Hermann Josef Abs von der Deutschen Bank mit.

»Erhard und Abs haben sich dann märchenhaft für uns eingesetzt, damit ein Bankenkonsortium zusammenkam.«

Als das Konsortium gebildet war, sagte Abs zu Kemper: »Das Bieten, das müssen Sie machen! Bestimmen Sie die Summe. Aber ich will von Ihnen das Geld bis auf den letzten Pfennig zurückhaben!«

Dr. Heinz P. Kemper flog wieder in die USA – in der legendären Propellermaschine »Super Constellation«.

»Ich weiß noch, daß ich es als sehr bitter empfand, daß die Verhandlungen ausgerechnet in die Zeit des 80. Geburtstages meiner Mutter am 21. Juni 1957 gelegt worden waren und ich nicht bei ihr sein konnte.«

Das Bieten in Washington ging – dank der Hilfe Adenauers im Hintergrund – blitzschnell vonstatten. Kemper ersteigerte die Mehrheit an der *Hugo Stinnes Corporation*. In seinen kleinen Taschenkalender schrieb Kemper damals quer über eine Seite: »H. St. deutsch!« Diesen Taschenkalender mit der ominösen Seite bewahrt Kemper bis heute – und die kleine Seite mit den wenigen Buchstaben ist eines der großen Stinnes-Dokumente; man sieht der Schrift noch immer die Begeisterung jener Tage an. Kemper telegrafierte nach Deutschland: »Alle Schiffe flaggen über die Toppen!«

Justitiar Hegemann schildert die Stimmung der Daheimgebliebenen: »Wir hatten große Besorgnisse. Wir wußten, daß alles auf Messers Schneide stand. Wir fürchteten, daß irgendein ausländischer Konzern Stinnes insgesamt kaufen und dann in Einzelteilen verkaufen würde. Die ganz große Gefahr der Ausschlachtung war

uns allen bewußt, und wir waren bedrückt. Es war eine ungeheure Erleichterung, als Kempers Telegramm eintraf. Es war eine Erleichterung, die durch die ganze Firma ging. Aber ich kann mich nicht erinnern, daß wir gefeiert hätten, daß Sektkorken knallten – damals war man noch bescheidener.«

Als Kemper sich nach dem Erfolg wieder mit Abs traf, meinte der Bankier: »So, Herr Kemper, jetzt kenne ich Ihre *liabilities*, Ihre Passiva – jetzt zeigen Sie mir mal Ihre *assets*…«

Kemper antwortete: »Ich will Ihnen mal sagen, was meine *assets*, meine Aktiva, sind: Das sind meine Mitarbeiter!«

Für den 18. Juli 1957 trommelte Kemper alle seine leitenden Mitarbeiter – es waren an die 60 Personen – in einem Sportheim zusammen: »Niemand sollte je von dem Treffen erfahren.« Er stellte seine Führungskräfte Mann für Mann Abs vor. »Erstmal hat jeder gesagt, was er macht – Abs war ja sehr inquisitiv. Aber dann wurde gemeinsam gegessen.«

Die lebensbedrohende Krise, die im Grunde 1925 begonnen und letzlich 32 Jahre gedauert hatte, war beendet. Kemper meint: »Die Jahre von 1948 bis 1957 waren die härtesten meines Lebens.«

Die Mehrheit an der *Hugo Stinnes Corporation* wurde auf 90% aufgestockt. Hegemann: »Damit begann die Geschichte des jüngeren Stinnes-Konzerns.«

Das Bankenkonsortium mußte seine Entscheidung für Stinnes nicht bereuen. Es verkaufte später seine Anteile an die VEBA – mit einem nicht unbeträchtlichen Gewinn. Hegemann: »Die Anlage-Empfehlung war richtig.«

Sie machten die Finanzierung möglich: Wirtschaftsminister Erhard (links) und Bankier Abs

XI

Meilensteine für Stinnes

DIE ETAPPEN EINES AUFSTIEGS

Zu neuen Zielen und Märkten: Heinz P. Kemper strukturiert das Unternehmen entscheidend um und richtet es auf die Herausforderungen der sechziger Jahre aus. Dazu gehörten auch so bittere Entscheidungen wie die Schließung von Zechen

ie weiteren Etappen der Stinnes-Geschichte kennzeichnen einen imponierenden Aufstieg. Die erste wichtige Etappe war 1961 erreicht: Die *Hugo Stinnes GmbH* wurde in eine Aktiengesellschaft umgewandelt. Hegemann: »Diese Umwandlung hatte die Besonderheit, daß das gesamte Vermögen, das bei der *Hugo Stinnes Corporation* lag, in die *Hugo Stinnes GmbH* eingebracht wurde – Vermögensteile in Holland, Dänemark und sonstwo –, so daß die Corporation hinterher lediglich die Anteile der *Hugo Stinnes GmbH* hatte. Daraufhin wurde die *Hugo Stinnes Corporation* liquidiert. Als Liquidationserlös gab es pro ›share‹ der Corporation eine Aktie zu 100 Mark der im selben Moment neugegründeten *Hugo Stinnes Aktiengesellschaft*. Damit war aus der Tochter *Hugo Stinnes GmbH* wieder die Mutter geworden. Das war die formelle Rückführung nach Deutschland. Endlich, nach 35 Jahren, saß die Konzern-

spitze wieder in Mülheim. Wir haben dann eine neue *Hugo Stinnes Corporation* gegründet – aber als Tochter der *Hugo Stinnes Aktiengesellschaft*.«

Diese *Hugo Stinnes AG* war selbständig bis 1965, bis zu der nächsten Etappe in der Stinnes-Geschichte: Die VEBA, heute das umsatzstärkste deutsche Unternehmen, erwarb über 95% der *Hugo Stinnes AG* und wurde privatisiert.

Kemper: »Schon vor der Übernahme bestand die Absicht, die VEBA zu privatisieren. Ganz sicher hat die Forderung von Herrn Abs den letzten Anstoß gegeben.« Dr. Heinz P. Kemper übernahm 1966 den Vorstandsvorsitz der VEBA.

»Ein ganz bedeutender Schritt, nicht als Einzelmaßnahme, sondern als Prozeß« wurde im Jahr 1969 die Umorganisation des VEBA-Konzerns durch Dr. Heinz P. Kemper – in einer Zeit, in der die *Ruhrkohle* AG gegründet wurde. Stinnes gab damals die Stinnes-Zechen, die *Glaswerke*

Der letzte
Kohlenwagen
der Zeche
Rosenblumendel
aus Flöz Geitling
12. Sohle (915 mt

Die Köpfe der neuen Stinnes-Ära: Diese drei Männer hatten nach dem Krieg den Vorstandsvorsitz bei Stinnes inne – Dr. Heinz P. Kemper, Dr. Hans Gaul und Dr. Günter Winkelmann

Ruhr und die Chemiebetriebe der *Ruhröl GmbH* ab an die *Hibernia* – und die *Hibernia* gab ihre Handelsinteressen ab: die Stromeyer-Gruppe, die *Fendel Schiffahrts-AG* (die größte deutsche Flußreederei), die Speditions- und Lagereifirma *Rhenus*. Die drei Unternehmen kamen zu Stinnes. Es war eine große Integrationsaufgabe. Firmen, die auf gleichem Gebiet Konkurrenten gewesen waren, mußten zusammengeführt werden. Das ist glatt, ohne Reibungsverluste gelungen.

Der »Prozeß« zog sich über Jahre hin. Das wird an den Vorgängen im Bereich der Binnenschiffahrt deutlich: 1971 werden der Reedereiteil

der *Fendel Schiffahrts-Aktiengesellschaft*, die Vereinigte *Stinnes-Rheinreedereien GmbH* und die *Bremen-Mindener Schiffahrt-Aktiengesellschaft* zur *Fendel-Stinnes Schiffahrt AG* zusammengefaßt.

1973 wird das Vermögen auf die *Fendel-Stinnes Schiffahrt AG & Co.* übertragen.

1976 werden die *Fendel-Stinnes Schiffahrt AG & Co.* und der Reedereiteil der *Westfälischen Transport-Aktiengesellschaft* zur *Stinnes Reederei AG & Co.* zusammengeführt.

Dies alles waren Folgen der Ereignisse von 1969. In jenem Jahr hatte Dr. Günter Winkelmann den Vorstandsvorsitz bei Stinnes übernommen. Dr. Winkelmann ordnete den Konzern, ins-

Eine wichtige Etappe: Die VEBA erwirbt 1965 über 95 Prozent der Hugo Stinnes AG und wird privatisiert. Mit diesem Artikel vom Juni 65 reagiert der »Industriekurier« auf das bedeutsame wirtschaftliche Ereignis

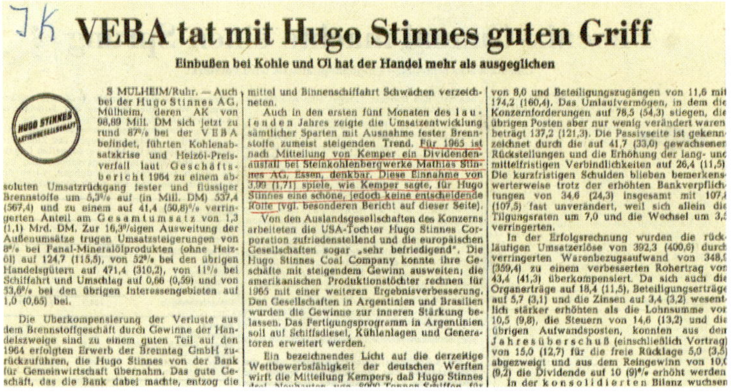

VEBA tat mit Hugo Stinnes guten Griff

Einbußen bei Kohle und Öl hat der Handel mehr als ausgeglichen

S MÜLHEIM/Ruhr. — Auch bei der Hugo Stinnes AG, Mülheim, deren AK von 98,89 Mill. DM sich jetzt zu rund 87% bei der VEBA befindet, führten Kohlenabsatzkrise und Heizöl-Preisverfall laut Geschäftsbericht 1964 zu einem absoluten Umsatzrückgang fester und flüssiger Brennstoffe um 5,3% auf (in Mill. DM) 537,4 (567,4) und zu einem auf 41,4 (50,6)% verringerten Anteil am Gesamtumsatz von 1,3 (1,1) Mrd. DM. Zur 16,3%igen Ausweitung der Außenumsätze trugen Umsatzsteigerungen um 8% bei Panal-Mineralölprodukten (ohne Heizöl) auf 124,7 (115,5), von 52% bei den übrigen Handelsgütern auf 471,4 (310,2), von 11% bei Schiffahrt und Umschlag auf 0,66 (0,59) und 53,6% bei den übrigen Interessengebieten auf 1,0 (0,65) bei.

Die Überkompensierung der Verluste aus dem Brennstoffgeschäft durch Gewinne der Handelszweige sind zu einem guten Teil auf den 1964 erfolgten Erwerb der Brenntag GmbH zurückzuführen, die Hugo Stinnes von der Bank für Gemeinwirtschaft übernahm. Das gute Geschäft, das die Bank dabei machte, entzog die

mittel und Binnenschiffahrt Schwächen verzeichneten.

Auch in den ersten fünf Monaten des laufenden Jahres zeige die Umsatzentwicklung sämtlicher Sparten mit Ausnahme fester Brennstoffe zumeist steigenden Trend. Für 1965 ist nach Mitteilung von Kemper ein Dividendenausfall bei Steinkohlenbergwerke Mathias Stinnes AG, Essen, denkbar. Diese Einnahme von 3,99 (1,71) spiele, wie Kemper sagte, für Hugo Stinnes eine schöne, jedoch keine entscheidende Rolle (vgl. besonderen Bericht auf dieser Seite).

Von den Auslandsgesellschaften des Konzerns arbeiteten die USA-Tochter Hugo Stinnes Corporation zufriedenstellend und die europäischen Gesellschaften sogar »sehr befriedigend«. Die Hugo Stinnes Coal Company konnte ihre Geschäfte mit steigendem Gewinn ausweiten; die amerikanischen Produktionstöchter rechnen für 1965 mit einer weiteren Ergebnisverbesserung. Bei Gesellschaften in Argentinien und Brasilien wurden die Gewinne zur inneren Stärkung belassen. Das Fertigungsprogramm in Argentinien soll auf Schiffsdiesel, Kühlanlagen und Generatoren erweitert werden.

Ein bezeichnendes Licht auf die derzeitige Wettbewerbsfähigkeit der deutschen Werften wirft die Mitteilung Kempers, daß Hugo Stinnes

von 8,0 und Beteiligungszugängen von 11,6 mit 174,2 (160,4). Das Umlaufvermögen, in dem die Konzernforderungen auf 78,5 (54,3) stiegen, die übrigen Posten aber nur wenig verändert waren, betrug 137,2 (121,3). Die Passivseite ist gekennzeichnet durch die gewachsenen Rückstellungen und die Erhöhung der lang- und mittelfristigen Verbindlichkeiten auf 26,4 (11,5). Die kurzfristigen Schulden blieben bemerkenswerterweise trotz der erhöhten Bankverpflichtungen von 34,6 (24,3) insgesamt mit 107,1 (107,5) fast unverändert, weil sich allein die Tilgungsraten um 7,0 und die Wechsel um 3,4 verringerten.

In der Erfolgsrechnung wurden die rückläufigen Umsatzerlöse von 392,3 (406,6) durch verringerten Warenbezugsaufwand von 348,5 (359,4) zu einem verbesserten Rohertrag von 43,4 (41,3) überkompensiert. Da sich auch die Organerträge auf 18,4 (11,5), Beteiligungserträge auf 5,7 (3,1) und die Zinsen auf 3,4 (3,2) wesentlich steigerten, während die Steuern von 14,6 (13,2) und die übrigen Aufwandsposten, konnten aus dem Jahresüberschuß (einschließlich Vortrag) von 15,0 (12,7) für freie Rücklage 5,0 (3,5) abgezweigt und aus dem Reingewinn von 9,2 die Dividende auf 10 (9)% erhöht werden.

In der konsolidierten Bilanz wuchsen

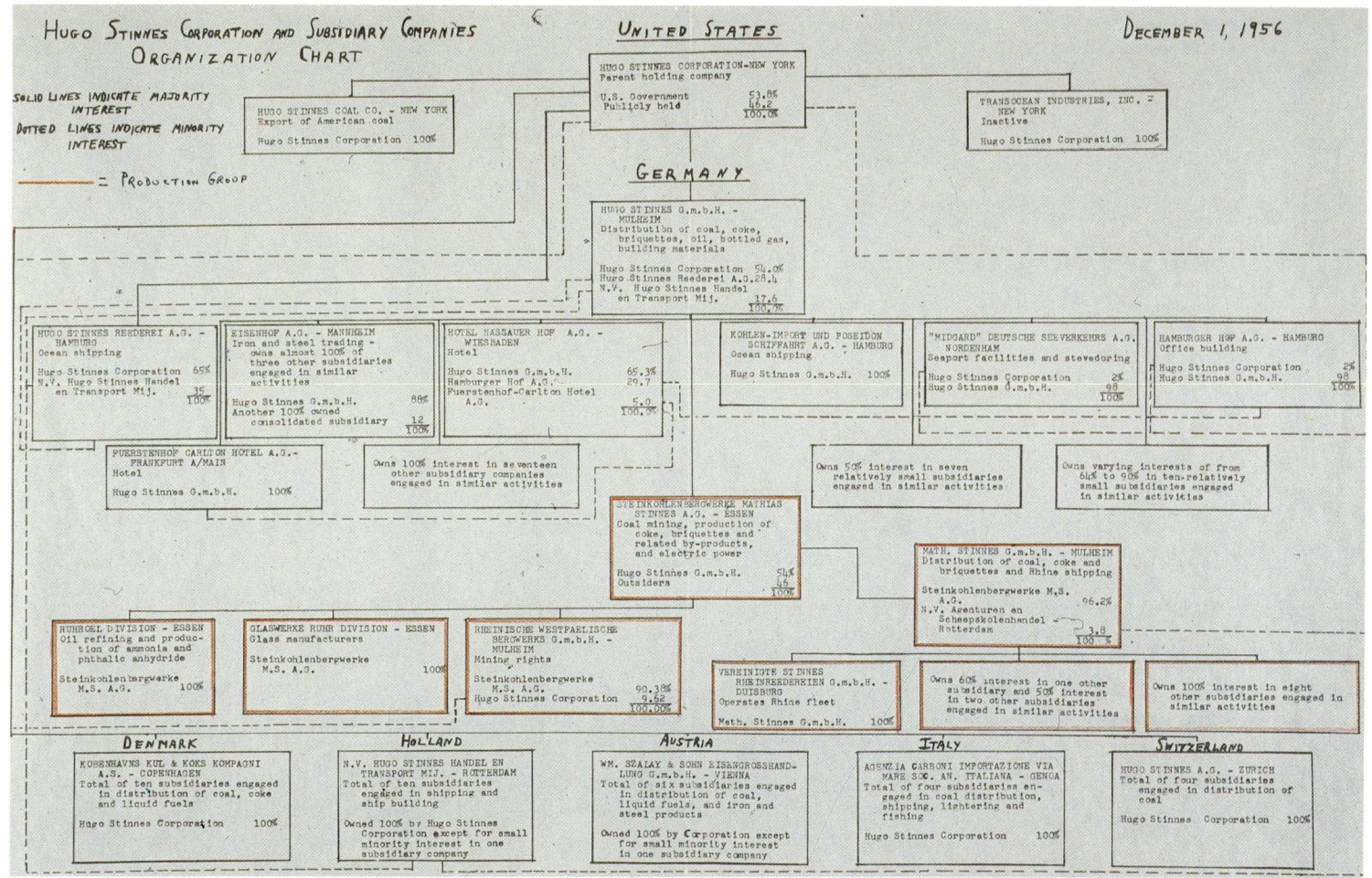

besondere seine Führungsorganisation, neu, weitere Geschäftsbereiche kamen hinzu. Das Inlands-, besonders aber auch das Auslandsgeschäft wurden aktiviert. Nur ein äußeres Zeichen dafür ist der Konzernumsatz, der 1969 noch 3,2 Milliarden Mark betrug und bis 1981 auf 19,2 Milliarden Mark anstieg.

Dafür steht seit 1976 ein neuer Firmentitel, der die beiden Traditionslinien der Stinnes-Geschichte in sich verbindet: *Stinnes* AG.

Daß die Entwicklung ihren guten Lauf nehmen konnte, hat aber noch einen anderen, wichtigen Grund: Der Großaktionär VEBA ließ es nie an mütterlicher Zuwendung gegenüber der neu

erworbenen Handelstochter fehlen und erwies sich stets als ein großzügiger und wohlwollender Förderer der Pläne und Ideen, die aus dem Unternehmen kamen. Wie sein Vorgänger, so beläßt auch Rudolf v. Bennigsen-Foerder, der heutige Vorstandsvorsitzende der VEBA und Vorsitzende des Aufsichtsrates der *Stinnes* AG, den Kaufleuten aus Mülheim jenes Maß an Freiheit und Eigenständigkeit, das den Erfolg in Handel und Verkehr erst möglich macht.

In der Hand verständiger Erben konnte das Unternehmen mit Kraft und Phantasie den Weg fortsetzen, den die Gründer vorgezeichnet hatten – bis in die Gegenwart hinein …

Dokument der Teilung: So sah die Organisation des Konzerns aus, bevor die Kapitalmehrheit wieder nach Deutschland kam und für Stinnes der Aufschwung begann

XII

Das aktuelle Interview

STINNES HEUTE — STINNES MORGEN

Der Mann an der Spitze:
Dr. Günter Winkelmann,
seit 1969 Vorsitzender des
Vorstandes der Stinnes AG

W as diese *Stinnes* AG ausmacht, was ihre Philosophie, ihre Ordnungsprinzipien, ihre inneren und äußeren Leitlinien sind – das wird aus einem ausführlichen Interview mit dem Vorstandsvorsitzenden Dr. Günter Winkelmann deutlich.

FRAGE: Kann man einen so verzweigten Konzern überhaupt auf einen Nenner bringen?

DR. WINKELMANN: Die inneren Leitlinien sind: weg vom reinen Kohlenhandel, hin zu einem breiteren Fundament. Wir haben diesen Weg in den sechziger Jahren in der klaren Erkenntnis eingeschlagen, daß der innerdeutsche Kohlenhandel – jedenfalls damals – keine längerfristige Basis mehr hatte. Bei einem Unternehmen, das früher zu einem Drittel nur aus Kohlenhandel bestand – Heizöl gab es kaum –, war es zwingend, daß es auf mehrere Füße gestellt werden mußte. Das war und ist ganz generell unser Ziel.

FRAGE: Gab es für Sie ein Schlüsselerlebnis, durch das Sie auf diesen Weg gebracht worden sind? Vielleicht das Erlebnis einer Zechenschließung?

DR. WINKELMANN: Mit den Zechenschließungen hatte das wenig zu tun. Einfach das Studium der Zahlen, die Analyse des Umsatzes, der Gewinn-und-Verlust-Rechnung ergab, daß Stinnes relativ zu stark auf den reinen Kohlenhandel konzentriert war und relativ zu wenig andere Aktivitäten hatte: etwas Baustoffhandel, vergleichsweise unbedeutend, einen ganz kleinen Agrarhandel, auch nur regional von einiger Bedeutung, etwas Schiffahrt – und die ziemlich veraltet. Stinnes war zwar ein Unternehmen, das in der Handelsgröße über einer Milliarde Mark Jahresumsatz lag, aber es hatte keine breite, gesunde Struktur.

FRAGE: Die Geschichte von Stinnes ist auch eine Geschichte der immer neuen Anpassun-

gen an sich verändernde Rahmen- und Strukturbedingungen. Ist die heutige Expansion wiederum Anpassung an die Weltsituation?

DR. WINKELMANN: Es gehört auch zur Geschichte von Stinnes, daß die Anpassungen nicht immer bewältigt worden sind – siehe die Vorgänge Mitte der zwanziger Jahre. Damals war ein Konglomerat geschaffen worden, das den Söhnen von Hugo Stinnes aus der Hand geglitten ist. Das zeigt uns auch heute die Gefahr für ein expandierendes Unternehmen: die Gefahr auszuufern. Man muß ein solches Unternehmen immer wieder zurückführen auf das Wesentliche. Man muß sich selbst Grenzen setzen.

FRAGE: Konzentration auf das Wesentliche – drückt sich das in der für Stinnes eigentümlichen »Spartenorganisation«, der Zusammenfassung von in gleichen Branchen tätigen Firmen, aus?

DR. WINKELMANN: Es handelt sich ja nicht direkt um eine Spartenorganisation. Wir wollten ganz bewußt mehr eine Firmenorganisation. Wir haben Firmen, die in verschiedenen Geschäftsbereichen oder »Sparten« aktiv sind. Nur ein Beispiel: Die Rhenus-WTAG hat als großes Verkehrsunternehmen unter anderem auch einen beachtlichen Handel: Baustoffhandel, technischen Handel.

FRAGE: Was sind die Ordnungsprinzipien von Stinnes?

DR. WINKELMANN: Unsere Ordnungsprinzipien sind: ein starkes Unternehmen zu haben, das eine Kompetenz hat für ein bestimmtes Programm und einen bestimmten Raum – wobei wir uns davor hüten, hier starre Abgrenzun-

gen vorzunehmen. Wir haben ganz bewußt nicht Strukturen zerschlagen, die gewachsen sind. Uns ist die disziplinare Linie – Wer ist für was gewinnverantwortlich? Wer untersteht wem? – wichtiger als irgendeine Spartenzuständigkeit. Eine starre Spartenorganisation ergibt immer Kompetenzschwierigkeiten. Rhenus-WTAG ist im wesentlichen das große Speditionsunternehmen. Aber es treibt eben auch einen speditionsabhängigen Baustoffhandel, weil gerade Massenbaustoffe sehr transportabhängig sind. Es wäre unklug, den organisch gewachsenen Baustoffhandel aus dieser Firma herauszunehmen, nur um Spartenprinzipien hochzuhalten.

FRAGE: Hat diese Form der organischen Organisation etwas mit Ihrem Werdegang zu tun?

DR. WINKELMANN: Durchaus. Ich bin am 1. Januar 1963 zu Stinnes gekommen, als stellvertretendes Vorstandsmitglied, zuständig für Finanzen. Vorher war ich bei Krupp, die letzten vier Jahre als Geschäftsführer von Krupp Reederei und Brennstoffhandel. Bei Krupp war der Handel ein »Stiefkind« – man hatte ihn zwar, aber man genierte sich ein wenig. Für mich war es darum faszinierend, bei Stinnes eine ganz andere Welt vorzufinden. Alles lief an sehr, sehr langer Leine, ziemlich unreguliert – und trotzdem lief es in einem gewissen Selbstverständnis. Natürlich hat sich seitdem einiges geändert. Aber auch das geschah organisch – nicht durch abrupten Beschluß. Ein entscheidender Schritt war beispielsweise 1963 der Zusammenbruch der Stinnes OHG der Familie Stinnes, die heute übrigens als Kommanditgesellschaft von Otto und Mathias Stinnes weitergeführt wird. Aus dem

Symbol der neuen Zeit: Die Hauptverwaltung der Stinnes AG in Mülheim. Von hier aus gehen die Fäden in immer mehr Länder, von hier aus ist Stinnes als »Mittler am Markt« in Handel, Verkehr und Dienstleistungen tätig

Modernes Dach: Das Verwaltungsgebäude der Muttergesellschaft VEBA AG in Düsseldorf

Vermögen der *Stinnes* OHG kam damals die *Brenntag* zum Verkauf, die dann für ein Jahr zur Bank für Gemeinwirtschaft ging. Wir haben sie dann 1964 übernommen, zu einem Kaufpreis von 13 Millionen DM, was damals bei Stinnes für eine Beteiligung sensationell viel war. Mit diesem großen Schritt begann ein gedankliches Aufbrechen. Wir hatten ein neues Betätigungsfeld: den Chemiehandel. Das war uns vorher fremd gewesen. Dies war der erste entscheidende Schritt für die Diversifikation der *Stinnes* AG. Die *Brenntag*, die damals etwa 100 Millionen Mark Umsatz machte, entwickelte sich zu einem Unternehmen, das heute 2 Milliarden Mark Umsatz macht und eine der Gewinnsäulen der *Stinnes* AG ist.

FRAGE: Was bedeutete es für Stinnes, in die VEBA eingebracht zu werden?

DR. WINKELMANN: Wir sahen bei der VEBA eine ganz große Chance: uns zu lösen von den Beteiligungen, die uns als Händler gar nicht interessierten. Steinkohle, Glas und Chemie waren etwas, was nicht zu diesem Handelshaus paßte. Wir konnten da auch nichts beeinflussen, die waren völlig selbständig. Diese Erkenntnis und das Verhandeln mit der VEBA, sprich *Hibernia*, die über hervorragende Handels- und Verkehrsbeteiligungen verfügte – das war der nächste entscheidende Schritt: nämlich die Abgabe der *Steinkohlenbergwerke Mathias Stinnes* AG an die *Hibernia* und die Übernahme von *Stromeyer* und der *Fendel Schifffahrts-AG*. Es waren dramatische Verhandlungen, die über Monate gingen. Die entscheidenden Probleme waren: Was ist ein Bergwerk noch wert? Was ist eine Glashütte wert? Diese Fragen waren natürlich auch stark

mit persönlichen Ambitionen verknüpft. Wir haben diese Beteiligungen damals zu einem interessanten Kurs tauschen können. Es war eine aufregende Zeit. Wir wußten: Mit diesem Schritt werden wir wirklich etwas auf dem Handelssektor. Und: Wir wurden der größte auf dem Brennstoffsektor. Wir haben auf dem Verkehrssektor die Basis gelegt für das, was wir heute sind – eines der größten Unternehmen in Europa.

FRAGE: Gab das für Sie ganz persönlich ein Gefühl des Triumphes – oder war das ein rein rationaler Vorgang?

DR. WINKELMANN: Rein rational ist sicherlich kein kaufmännisches Verhalten. Beide Seiten müssen immer auch Emotionen haben. Aber Triumph? Das ist mir viel zu bombastisch. Ich war glücklich darüber, aus der Firma Stinnes nun wirklich ein umfassendes Handels- und Verkehrshaus gestalten zu können. Darauf haben wir damals mehrere Gläser Sekt getrunken. Es entwickelte sich dann tatsächlich ein Unternehmen mit einer neuen Dimension.

FRAGE: Formulieren Sie einmal Ihre Philosophie der Freiheit, der »langen Leine«!

DR. WINKELMANN: Soviel Freiheit wie möglich – und so wenig Zentrale wie notwendig. Es fällt nicht immer ganz leicht, das durchzuhalten…

FRAGE: Ist beispielsweise Handel nicht eine viel zu sensible Materie, als daß man da ein starres Reglement durchführen könnte?

DR. WINKELMANN: Daß wir ein Handelshaus sind, spielt dabei sicher eine große Rolle. Im Handel müssen ja täglich viele, viele Entscheidungen gefällt werden, und zwar von dem ein-

zelnen Mann vor Ort. Eine Zentrale kann da wenig helfen.

FRAGE: Was waren aus Ihrer Sicht die nächsten entscheidenden Etappen bei der Modernisierung von Stinnes?

DR. WINKELMANN: Das waren der Einstieg in den Einzelhandel, ins Endverbrauchergeschäft über *divi*, ins Großhandelsgeschäft über *Agros* und das Zusammengehen mit *Raab Karcher*. Bedeutsam war dann vor allem der Erwerb der *Montana GmbH*. Die *Montana GmbH* war eine kleinere Holding als Nachfolgegesellschaft der Ruhrkonzerne – die haben in die Montana alles eingebracht, was sie nach der Neuordnung an der Ruhr nicht Einzelgesellschaften zuordnen konnten: als Hauptpaket eine maßgebliche Beteiligung an der WTAG, dann das Hotel »Kaiserhof« in Essen, eine Kohlenhandlung in Hamburg mit großem Grundbesitz, eines der größten Bürohäuser in Hamburg, dazu einige Kohlenfelder im Norden des Ruhrgebiets. Für uns gab es dabei die eine Zielrichtung, die Mehrheit an der WTAG zu bekommen, denn *Rhenus* und WTAG ergänzten sich auf hervorragende Weise.

Wir haben dann beide Unternehmen – *Rhenus* und WTAG – bewußt einige Jahre nebeneinander laufen lassen, bis es 1976 gelang, nach sehr schwierigen Vorarbeiten, sehr schwierigen personellen Problemen, beide Unternehmen zusammenzuführen.

FRAGE: Wie ging es weiter?

DR. WINKELMANN: Der nächste wichtige Schritt war der Erwerb der Ahlers-Gruppe in Antwerpen. Es handelte sich um eine Firma auf dem Dienstleistungssektor der Schiffahrt. Da-

Standbein in Amerika: Stinnes ist in den USA traditionell stark vertreten. Sitz der Stinnes Corporation ist New York

durch kamen wir in die Lage, noch an der Schiffahrt zu verdienen, ohne in der Schiffahrt selbst engagiert zu sein.

Dem folgte der Erwerb der Frank & Schulte-Gruppe in Essen: Da ging es um Rohstoffhandel – Erze, Legierungen, Mineralien, seltene Erden.

FRAGE: Welche Zielvorstellung stand hinter allen diesen Schritten? Hatten und haben Sie ein Idealbild, wie der moderne Organismus Stinnes aussehen könnte?

DR. WINKELMANN: Es war eine Mischung von visionären Vorstellungen und pragmatischen Entscheidungen aus der Zeit heraus. Pragmatisch deswegen, weil die Dinge vom Markt her einfach auf uns zukamen. Visionär deswegen, weil wir eine Gesellschaft haben wollten, die auf den Gebieten des Handels und des Verkehrs relativ gleichgewichtig in die Zukunft gehen kann, mit dem Angebot eines weitgefächerten Dienstleistungspaketes. Der Handel würde ohne diese Dienstleistung vielleicht etwas im luftleeren Raum operieren. Die Kombination, die wir heute haben, dürfte in dieser Größenordnung so ziemlich einmalig in der Welt sein.

FRAGE: Für das Unternehmen heute ist das Stichwort »Dienstleistung« von besonderer Wichtigkeit.

DR. WINKELMANN: Sehr wichtig wohl – aber ohne die Produktion gibt es keine Dienstleistung. Wir würden einen Fehler machen, wenn wir meinen, die Dienstleistungsgesellschaft könnte in sich existieren. Wenn wir keine Ur-Produktion und keine Verarbeitung haben, gibt es auch keine Dienstleistung, einfach weil wir dann keine Produkte haben.

FRAGE: Die zunehmende Internationalisierung von Stinnes ist sicher ein Phänomen, das der Erklärung bedarf.

DR. WINKELMANN: Sie hat in der zweiten Hälfte der siebziger Jahre begonnen und ist der letzte, alles abdeckende Schritt. Die Aktivitäten in den Bereichen Chemie, Erze und Mineralien, Schiffahrt mußten schon von ihrer Natur her nach außen streben. Der Handel mit Rohstoffen ist einfach ein internationaler Handel, Schiffahrt ist in sich international. Wir haben in Europa und Amerika Fuß auf Neuland gesetzt. Der Ferne Osten ist nicht so schwergewichtig.

FRAGE: Gibt es in der Wirtschaft mehr und mehr eine »atlantische Gemeinschaft«? Wird der Atlantik zu unserem neuen Mittelmeer?

DR. WINKELMANN: Ja. Ein Rohstoffgeschäft ohne Amerika, ohne den Atlantik – und auch ohne den Fernostanteil – ist nicht mehr denkbar. Dasselbe gilt für die Chemie: Hier liegen die Schwerpunkte in Europa, Nordamerika und Japan.

FRAGE: Zu Stinnes von heute gehört auch ein forcierter Ausbau des Ost-Geschäfts.

DR. WINKELMANN: Wir haben uns in der zweiten Hälfte der siebziger Jahre zu einem bedeutenden Ost-Händler entwickelt, ohne Stützpunkte im Comecon-Block zu haben. Als Leitgedanke stand und steht dahinter, daß wir dem Osten und anderen Schwellenländern weltweit Marketing-Organisationen bieten können. Wir sind in der Lage, die Produkte der DDR, der Polen, der Russen im Westen zu vermarkten. Wir vermarkten deren Rohstoffe. Bisher war das ein äußerst stabiles Gebiet – weil diese Länder dringend kontinuierlich Devisen brauchen und weil

der Osten in der Regel überhaupt ein zuverlässiger Partner ist, der unabhängig von Krisen zu seinen Verträgen steht. Wenn sie im Osten einmal in diesem Geschäft sind, werden die Pferde nicht so schnell gewechselt.

FRAGE: Es wird oft behauptet, daß diese zunehmende »Vernetzung« der Wirtschaft zwischen West und Ost auch eine friedenserhaltende Wirkung hat. Glauben Sie daran?

DR. WINKELMANN: Auf der einen Seite haben wir die wirtschaftliche Verzahnung und auch enge menschliche Beziehungen zu leitenden Persönlichkeiten im Osten. Auf der anderen Seite aber muß man sehen, daß der Comecon-Block zunehmend vom Westen abhängig geworden ist, von Jahr zu Jahr tiefer in die Schulden sackt, die Versorgung der Bevölkerung schlechter wird. Auch die technologische Schere klafft immer weiter auseinander. Diese Abhängigkeit könnte auch eine gewisse Gefahr für den Weltfrieden bedeuten.

FRAGE: Für wen haben Sie die wirtschaftliche Harmonie, diese Balance der Kräfte bei Stinnes geschaffen, die sich in allem bisher Gesagten ausdrückt? Gibt es für Sie im Planen und Handeln eine höhere Orientierung als den Erfolg?

DR. WINKELMANN: Wir haben all das zum Wohle des Unternehmens getan, nach dem Leitsatz: Möge es ein gesundes und starkes Unternehmen sein mit einer gut abgesicherten Zukunft. Nur ein solches Unternehmen wird letztlich den Menschen dienen – jedem einzelnen. Was wir hier auf unserer Ebene tun, ist ein grundsätzliches menschliches Bedürfnis. Es ist das Bedürfnis, etwas zu gestalten.

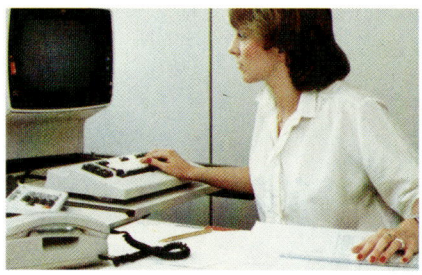

Das hat ja äußerst wichtige Nebeneffekte. Nehmen wir ein Beispiel: die Sicherheit des Arbeitsplatzes. Durch eine Unternehmenspolitik, wie wir sie betreiben, kann man das am ehesten gewährleisten. Ein weiteres Beispiel: Bei uns spielt die Ausbildung eine große Rolle. Mit sieben Prozent Lehrlingen vom gesamten Personalbestand liegen wir in der Bundesrepublik in der Spitzengruppe.

FRAGE: Die Personalpolitik hat für Stinnes immer eine besondere Rolle gespielt – gerade wegen der weithin freien Verantwortlichkeit der Führungskräfte. Wachsen für die Anforderungen von Stinnes genug gute junge Leute nach?

DR. WINKELMANN: Wir haben ein Reservoir von etwa 600 Führungskräften, das wir im Auge haben. Mangel an Talent, Fleiß, Ehrgeiz haben wir auf dieser Ebene nicht feststellen können. Es gibt bei uns nicht den draußen oft behaupteten »Generationskonflikt«. Wir haben eher Probleme, wen von den sich anbietenden jungen Kräften wir in hohe und höchste Positionen berufen sollen.

FRAGE: Welche Eigenschaften muß man haben, um bei Stinnes in eine Spitzenposition zu kommen?

DR. WINKELMANN: Eine gesunde Kombination von hervorragendem Fachwissen und Führungsqualitäten. Ganz allgemein gilt: Wer nach oben will muß durch das Nadelöhr der Spezialisierung. Generalisten sind in Handel und Verkehr fehl am Platze.

FRAGE: Was ist für die Zukunft von Stinnes für Sie bedeutsam?

DR. WINKELMANN: Eine Konsolidierung des Erreichten, im Inland wie im Ausland. Auch das

kann man eine Zukunftsvision nennen. Die zukunftsträchtigen Wachstumsbereiche sind ja bei uns bereits vorhanden: Chemie und Kunststoffe, Kohle – die zunehmend Bedeutung bekommt –, neue Wärmetechnologien, Freizeit, Hobby, Do it yourself, Recycling und Umweltschutz. Jetzt sind wir ausgerichtet darauf, Wildwuchs zu beschneiden, kranke Dinge herauszunehmen, den Mut zu haben, bestimmte Geschäfte nicht mehr zu machen und uns auf Bereiche zu konzentrieren, die in sich so viel Phantasie bergen, daß sie ein inneres Wachstum haben, durch neue Ideen, Linien, Chancen, und uns Neuland eröffnen. Es gehört Gespür für die sich wandelnde Welt und das sich wandelnde Bewußtsein der Menschen dazu: Als wir vor zehn Jahren mit dem Recycling begannen, gehörte Mut dazu – heute erscheint das nahezu selbstverständlich. Das Verwerten von schädlichen Stoffen ist ein ähnliches Beispiel. Auch da entwickeln wir eigene Aktivitäten. Auf eines müssen wir achten: Was die Größe angeht, gibt es gewisse Grenzen für eine Organisation – und wir haben diese Grenzen meines Erachtens erreicht. Stinnes muß überschaubar – und persönlich bleiben. Das ist notwendig für die Steuerung, besonders wichtig aber für die Menschen in diesem Unternehmen. Die leitenden Persönlichkeiten kennen sich bei uns immer noch, wissen, wie sie denken, was sie tun – und das betrifft immerhin einige hundert Führungskräfte. Ich würde davor warnen, in Größenordnungen vorzustoßen, in denen diese Dinge relativ anonym werden. Das persönliche Element war immer eine Stärke unseres Hauses. Wir gehen doch recht familiär miteinander um.